組織・チーム・ビジネスを
勝ちに導く

「作戦術」思考

Operational Art Thinking

小川清史
元陸将・西部方面総監

ワニブックス

はじめに

「この社員は会社の戦略に沿わないことをしているのに、どうして誰もそれを指摘しないんだ？」

自衛隊を退職後、民間企業と接点を多く持つようになった私は、たびたびそう感じる場面に出くわすことがありました。驚いたことに、**企業の意思決定に関わる役員クラスの方々ですら、会社の戦略に基づかない発想で仕事をしている**ことが珍しくなかったのです。

長年自衛隊で戦略、戦術、そして作戦がどうあるべきかの研究を続けてきた私にとって、それはちょっとした**カルチャーショック**でした。

簡単に自己紹介をさせていただくと、私は、防衛大学校（第26期生、土木工学専攻）・陸上自衛隊幹部学校（第36期指揮幕僚課程）を経て1982年に陸上自衛隊に入隊し、1985年の日航機墜落事故、1995年の阪神・淡路大震災の災害派遣等に従事しました。2015年に九州・沖縄地方を管轄する西部方面総監として着任し、2016年の熊本地震の際には、JTF（統合任務部隊）指揮官として災害派遣の指揮を執りました。そうした経験から、私にとっては**「全体的な目標（戦略）と個別の行動（戦術）をどのように結びつければ最大限の成果が**

期待できるか」「〝個別最適〟を調整しつつ、いかに〝全体最適〟を達成するか」といったことが自衛官時代を通じての大きなテーマでした。退官後も縁あって自衛隊に定期的に「大部隊運用──作戦術──」についての講義をさせていただくなど、研究を継続しております。

さて、私が元自衛官ということもあってか、冒頭で述べたような「戦略と戦術の齟齬《そご》」を企業の方々に指摘しても「自衛隊ではそれなりの立場にいたかもしれないが、ビジネスに関してはシロウトだろ？　俺たちはこの道のプロだ。シロウトにとやかく言われる筋合いはない」といった反応を示されることが多々あります（実際、感情を露わにして怒られたこともあります）。

しかし、これは**おかしな話**です。

私の意見や提案の可否を判断するのに、私のバックボーンや現在の肩書きは関係ありません。良い提案なら採用すればいいですし、提案が間違っていると思うなら、どこがどう間違っているか、論理に基づいて指摘すれば、**より建設的な議論**ができます。

詳しくは本文で述べますが、私は、多くの日本人がこうした発想をしてしまうのは、**日本の歴史に由来する構造的な問題**があるのではないか、と考えています。同じように、多くの日本企業で「戦略と戦術の齟齬」が生じているのも、その延長線上にある日本社会の構造的な問題です。

本書は**「理想のチーム（組織）」をつくるための方法論**を紹介しています。

何をもって「理想のチーム」とするかは人によってさまざまだと思いますが、本書でいう「理想のチーム」とは**「全体最適が達成されるチーム」**のことを指します。

多くの日本人は、現場で優秀だった人（個別最適に優れた人材）がリーダーになったり、仲間と長期間苦楽をともにしたり、個々人がそれぞれ努力して精一杯力を発揮したりすれば「理想のチーム」ができると思い込んでいます。

しかし、それは**誤解**です。

基本的にチームや組織には、それを動かすための原理・原則があります。**より良いチーム・組織をつくっていくには「理論」が必要**です。勘や経験に頼るだけでは、チーム・組織による全体最適はなかなか達成できません。あるいは、優秀なリーダーがチームを率いても、フォロワーが受け身的に従っているだけでは全体最適を達成するのは難しいものです。

近年、軍事の世界では、戦略目標（全体最適）を達成するために各戦術（個別最適）を調整する**「作戦術」**が注目され、米軍をはじめとする各国の軍隊で研究を進化させて、都度進化した理論の導入が進められています。

「軍事」や「軍隊」と聞くと、いついかなる時も上官の命令には〝滅私〟で〝絶対服従〟しなければならない「究極のトップダウン型組織」をイメージするかもしれませんが、実はそれはひと昔前の話です。今でも国によってはそういう〝前近代的〟な軍隊もありますが、先進諸国をはじめとする欧米型の近代的軍隊では、**前線の兵士たちが現場の状況に応じて自主積極的に動く「ミッションコマンド」**が重視されています。その核となっている理論が「作戦術」です。

戦略とは、「未来をより良いものに変えるために、今後どうするか（戦略の機能についての筆者定義）」というビジョンとその実現のための方法・手段であり、時間と多くのアセットを使用してより良い未来を実現するための方策です。

戦術は「いま起きていることにどう対応するか」に関する技術です。

作戦術は、その戦略と戦術の中間に位置し、両者の橋渡しをする役割を果たします。

つまり、**「今の個別最適（戦術）をどのようにコントロールすればより良い未来の全体最適（戦略目標）につなげられるか」を考えて実行するのが作戦術**なのです。

作戦術は組織のリーダーや中間管理職といったポジションの人たちだけに関係するものではありません。フォロワーにとっても、チームの一員としてチームの未来の全体最適を達成するために今どういう選択をすべきなのかを考える指針になります。

作戦術そのものはかなり専門的な軍事理論なので、企業活動やチームでの活動に直接的には取り入れられないかもしれませんが、その本質となる考え方は、**チームビルディングの理論としてさまざまな分野に応用可能**です。実際、大きな成果をあげている企業やスポーツチームは、作戦術の存在そのものを知らなくても、そこには作戦術の本質的な要素に基づく考え方、言うなれば**「作戦術」思考**が見いだせます。私が本書を通じて読者のみなさんに身に付けてもらいたいのも、この「作戦術」思考です。

「作戦術」思考はチームを最適化させるチームビルディングの理論であると同時に、チーム内で活動する個人の自主積極性を引き出すための理論的な支柱にもなります。組織やチームの一員としてのみならず、個人として日常生活を送る上でも、さまざまな場面で役に立つはずです。「作戦術」思考を身に付けて、戦略・作戦・戦術の違いを意識しながら物事に取り組んでいけば、日常の業務（スポーツなら日常の練習）や上司（監督）から指示を受けた際の応答・行動、部下への指示の出し方、マニュアル（トレーニングメニュー）の作成、顧客対応、同僚（チームメイト）や家族とのコミュニケーション、今後の人生設計など、日常生活のさまざまな場面に新たな意味を見出せるようになると思います。

本書を読み終わる頃には、それまで当たり前だった物事への考え方が一変しているかもしれません。

最後に、この本を世に出すことを積極的にお薦めいただき、軍事理論の民間適用にあたって理解しやすい表現や文章構成に対する懇切丁寧な修正意見や助言をいただいたワニブックスの川本悟史編集デスク並びにライターの吉田渉吾氏への心からの感謝を申し上げます。

はじめに……3

第1章 今の日本に欠けているのは「作戦術」思考

自衛隊の研修で老舗アパレル企業へ……20
戦略なき企画会議への違和感……21
研修担当者を怒らせてしまった「作戦術」ベースの提案……23
〝数字〟がすべてで、〝言葉〟は「腹の足し」にもならない？……25
戦略を掲げるだけでは現場に伝わらない……27
戦術と戦略の架け橋となるのが「作戦術」……28
〝個〟が集まっただけでは組織やチームとしては機能しない……30
全体最適を追求できる人材を育てるには専門教育が必要……32
全体最適を無視した個別最適の追求で経営破綻に陥ったＪＡＬ……34
なぜゆうちょ銀行は自衛隊員の給与振込先として人気だったのか？……36
「作戦術」思考が欠如した組織は全体最適から遠ざかる……38
チームビルディングに必要なのは勘や経験よりも〝理論〟……40

「作戦術」思考で「理想のチーム」をつくるには？ 41
「わかる」と「できる」では大違い 43

第2章 なぜ作戦術が必要なのか

「作戦術」はどうして誕生した？ 46
作戦術の定義 47
作戦術を最初に確立したのはソ連 47
完成度が高かったソ連の作戦術 50
ベトナム戦争の反省から作戦術を導入したアメリカ 52
死体や捕虜の数を「戦争の成果」に 53
戦争の勝敗を分けるのは「重心」 56
企業も自社の「重心」を意識することが大切 57
「目標」にはレベルの違いがある 59
自衛隊と作戦術 62

「軍事のシロウト」の意見を軍事マニュアルに反映させた米陸軍 64
ミッションコマンド型の人材でなければ「第三の波」の世界で生き残れない!? 67
「第三の波」の軍隊は兵士が「考える細胞」 68
「波」は社会を分析するツール 70
ウクライナ軍がロシア軍に〝善戦〟している理由 72
ミッションコマンドができてこそ「第三の波」の組織 75
作戦術との出会いがパズルのピースを埋めた 77
上級指揮官の育成で「公正公平な評価」より大切なものとは? 80
作戦術と出会う前に経験した、チームビルディングの失敗 83
より小さな努力でより成果をあげられる組織へ 86

第3章 「理想のチーム」に求められるリーダーシップ

「作戦術」思考で「理想のチーム」へ 90

全体最適達成のためには「がんばるな！」「気を利かせるな！」　91
個別の「がんばり」が全体最適を崩す　94
知らず識らずのうちに
リーダーの権限を〝簒奪〟しているフォロワーたち　98
真面目で優秀なフォロワーほどリーダーの権限を奪いがち　99
部下が上司の決定権を奪うのは犯罪行為　102
ミッションコマンドに必要な環境を整える　103
「三苦の1ミリ」はファインプレーではない　105
大切なのは「工夫」と「継続」　107
フォロワーもリーダーシップを学んだほうがよい理由　109
「リーダーとは何か？」を考える　111
リーダーの「心のありよう」はすぐフォロワーに見抜かれる　114
学校の教室でも成立していた「ランチェスターの第二法則」　118
オンライン会議の活用は
「第三の波」のチームリーダーに必須のスキル!?　119

リーダーに求められる「心の位置」とは？ 120
現場第一主義の是非 123
優れたマネージメント手法が有効に機能するかはリーダー次第 126
安倍首相と菅首相の災害対応の差 128
リーダーの仕事は「目に見えないもの」がほとんど 131
努力を促す「目標」とは？ 133
チーム内のあらゆる仕事に関心を持つ 135
自主積極性を引き出す質問術とは？ 137
飲み会はチームビルディングに有効？ 140
チームビルディングに有効な飲み会の条件とは？ 142
情報化社会で生き残るために「第三の波」の組織へ 144

第4章 〝本質〟を見抜く力を鍛える

「作戦術」思考をマスターするのに必要なのは〝本質〟を見抜く力 148

「作戦術」思考を実践する難しさ――149
18世紀の人に「テレビ」を説明するには？――152
建設的な議論の練習にもなる――155
テレビを能動的・クリエイティブに観る――156
日本人には「所有権」の概念がない？――158
所有権を意識するようになったきっかけ――160
問題のルーツは明治維新にまでさかのぼる？――162
「正しくない命令」に従う義務はない――164
「身分制度」のためにつくられた大学――168
リーダーを育てなかった国の末路――170
試験で大切なのは「公平公正」よりも目的――172
ルールは「上」から与えられるもの？――175
国際社会はルールづくりの「フィールド」にすぎない――177
日本のいたるところで見られる「作戦術」思考の欠如――178
日本が明治維新で輸入し忘れた欧米の社会科学的思考力――181

第5章 「作戦術」思考の事例集

具体的な事例で「作戦術」思考の理解を深める ―― 186

事例① 青山学院大学駅伝チームを率いる原監督によるチームビルディング

「チームの勝利」よりも「人間育成」―― 187
コミュニケーションの活発化で「組織知」を形成 ―― 188
失敗を糧にしたチームビルディング ―― 190
「組織知」の蓄積には10年はかかる ―― 191
「第三の波」のチームが「第二の波」の世界で巻き起こした旋風 ―― 193

事例② 帝国ホテルのスポーツジム、プール、サウナの運営

ホテルのサービス精神でジムを運営 ―― 194
「お客様にひたすら謝る」はNG ―― 196
ホテルマインドによるミッションコマンド ―― 199
組織知をつくる実務研修 ―― 200
新しい勤務形態で新しい〝やりがい〟を創出 ―― 201

事例③　外資系物流企業から学ぶ「作戦術」思考
「日本人の価値観」を企業の組織知に　203
日本の「正確過ぎる技術」があだとなることも　207
事例④　織田信長の「作戦術」思考
世界に先駆けて発揮された織田信長の「作戦術」思考　209
今川義元に情報戦で勝利していた織田信長　211
信長は「うつけ者」を演じていた？　212
兵士の好き勝手な行動を制して「重心」打撃に集中　213
日本人は高いポテンシャルを秘めている　215
事例⑤　「作戦術」思考のチームビルディングを「目安箱」で実践
優れたチームビルディングツール「目安箱」　216
「目安箱」の効果が出るかは運用次第　218
問題を全従業員で共有し、問題解決に意識を向ける　219
役立つ意見なのに不採用になるカラクリ　221
フォロワーが改善意見を出そうと思ったそもそものきっかけに注目する　223

リーダーだからこそ導き出せる解決策がある――224

番外編　物語のなかの「作戦術」思考

日本の物語ではミッションコマンド型チームが〝当たり前〟？――227
「孤独なヒーロー」が好まれてきたアメリカ――229
日本のチームビルディングを暗黙知から形式知に――231

おわりに――233

装丁：志村佳彦（ユニルデザインワークス）
本文デザイン：木村慎二郎

第1章

今の日本に欠けているのは「作戦術」思考

自衛隊の研修で老舗アパレル企業へ

私が陸上自衛隊幹部学校指揮幕僚課程の学生2年目だった1993年、民間企業へ研修に行く機会がありました。それはバブル期の直後です。自衛隊内だけで隊員の教育を完結させるのではなく、経済の世界で戦っている民間企業からも積極的に学ぶことを目的とした研修だったと記憶しています。おそらく、学生に民間の組織を比較対象として経験学習をさせることで、自衛隊というある意味〝特殊な組織〟への理解を深めさせようとする狙いもあったのでしょう。

研修先は、食品メーカー、大手ゼネコン、電気メーカー、服飾産業、輸送会社、総合商社、広告業、出版社などさまざまで、研修先の民間企業約30社に、学生各2〜3名が参加しました。当時、指揮幕僚課程の学生は80名ほどいましたが、その全員がいずれかの企業に研修に行きました。

私の研修先は老舗のアパレル企業で、当時は確か3つか4つほどのブランドを展開していたと思います。私の他に、先輩・後輩が1名ずつ、合計3名で参加しました。

研修期間は2週間。最初の2日ほどは、3名一緒に本社で会社の概要について学びました。3日目以降くらいから、3名は各支店に配属され研修を受けました。私は本社で、デザイナーと販売員のチームが新製品を製造する過程を学んだり、バーゲンセールに出す商品を倉庫から取り出して会場に並べるのを手伝ったりしました。

職場は活気があり、どちらかというと大学祭のような雰囲気でした。当時のこの会社の重役クラスは、同じ大学の同じ運動クラブ出身の方々で占められていたそうなので、自然と社内もそういう文化になっていったのかもしれません。

オフィスは比較的広くてきれいでした。そのアパレル企業の持ちビルだと聞いた記憶があります。地下に自動販売機があり、従業員は自ら自動販売機で飲み物を購入するのが普通でした。当時の自衛隊では伝令（指揮官の身の回りの世話をする係）がお客様用のお茶をいれたり、上司にお茶を運んだりしていたので、自分で飲み物を買いに行くのは民主的で非常にいいなと思いました。

戦略なき企画会議への違和感

ある時、デザイナーと販売部など6名ほどのチームで新作を検討する企画会議を見学させてもらう機会がありました。従業員モデルが新作のスカートを試着して、それをチームで審議するというものでした。「会議」といっても、極めてラフで気さくなものです。

ただ、その時に私が気にかかったのは、**今後自分たちの会社のブランドをどうしていきたいか、といった「戦略」に関する話題が一切出てこなかった**ことです。何をもって「戦略」とするかは厳密に定義するのは難しいのですが、本書においては**「未来をより良いものに変えるために、今後どうするか」というビジョンとそれを達成する方法・手段**だととらえておいてください。

すなわち、その企画会議では、ターゲットとする年齢層や階層、その人たちが自社の服を着た際のイメージなどはまったく話題にならず、「新作はこんな形の服がいいんじゃないかな」「少しスカートが短くて色っぽすぎかな」といった話ばかりでした。プロジェクトチームのメンバーそれぞれがおのおの好きな服を作り、仲間内のチェックだけ受けて、自社のブランドとして市場に売り出そうとしていたという印象です。会議参加者が当時の市場の動向をどのように見ていたかも、会議の会話内容からはよくわかりませんでした。

私はそうした**「戦略なき企画会議」にやや違和感を覚えながら**も、その時はただ「民間企業のプロジェクトとはこういうものなのかな」と思っていました。一方で、厳格な上位下達《じょういかたつ》が主流だった当時の自衛隊と比較して、気軽に意見が言い合える雰囲気は非常にうらやましいと感じていたことも覚えています。

研修担当者を怒らせてしまった「作戦術」ベースの提案

その後の研修でも会社内の様子を注意して見ていましたが、全体的に方向性や優先順位、根本的なビジョンが会社の戦略として定まっておらず、各従業員が好きなようにチームを組んで自分好みの服を作っているように感じました。**「どんな会社にしたいか」「どういうブランドにしていきたいか」というビジョンの共有ではなく、社員みんなの「やりたいこと」をボトムアップ的に足しただけの漠然としたものを目指している、**という印象でした。

はっきり言ってしまえば、**「戦略の欠如」**です。

重役クラスの社員たちは典型的な体育会系で、「何事も気合と根性で何とかなる。とにかく一人ひとりが力を出してがんばって良い物を作れば、結果なんて後からついてくる」というタイプの発想をしていました。ただ、当時流行だった「戦略的に攻める」「戦略会議」といった用語が重役クラスでは頻繁に使用されているなとも感じていました。

最終日には、研修を担当していただいた営業部長・課長と会同の場でじっくりと意見交換する機会がありました。

私は、まず企業イメージの良さやブランド力の強さなどを褒めました。アパレル企業に勤めていた経験のある妻からいろいろと情報を入手していたため、かなり具体的に意見を伝えることができたと思います。

続けて、先の企画会議で感じたことを踏まえ、今後社内でチームビルディングをする際には、御社の社是（確か「服飾によって日本女性の美に貢献する」という旨のものだったと記憶しています）やブランドの方向性を具体化することや、プロジェクトリーダーに求められる人物像、販売店の顧客情報の収集と活用法などについて、思うところを率直に述べました。その内容は、これから本書で紹介していく作戦術をベースにしたもので、おおよそ次のような主旨の提案でした。

①企業のビジョンを明確にして、全体最適からみた個別最適を追求すべき
②個別最適のみの追求に走りがちな各現場をコントロールして組織の全体最適を達成できるような人材を育てるべき
③可能であれば全体最適を追求する専門部署もつくったほうがよい

営業部長は私と意見交換をしているうちに、前向きで熱心に聞く態度からだんだんと不機嫌になり「社内にはそもそもそのような人材はいないし、人事異動を含めて組織をつくり出すのは不可能だ」と怒り出しました。一緒にいた課長も部長に同調しました。

私としては、ただ会社がより良くなればと思って率直な意見を述べたつもりだったのですが、「シロウトの部外者から生意気に好き勝手なことを言われた」と受け止められたのかもしれません。ちなみに、自衛隊退官後も、企業の方と意見交換をした際には、同様の反応を示されたことが何度かあります。

〝数字〟がすべてで、〝言葉〟は「腹の足し」にもならない？

研修から数年後、そのアパレル会社は潰れました。

もちろん、その原因が先に述べたような「戦略（ビジョン）の欠如」だけにあったとは言えません。おそらく他にもさまざまな事情があったのでしょう。しかし、大きな一因であったことは確かだと思います。

そもそも組織には戦略という〝柱〟が必要であることを、多くの日本企業の経営陣はあまり気づいていない（あるいは重視をしていない）のではないかと感じます。

そして、その戦略に方向性を与える企業理念や社是といったものは、形式・建前・お飾り的な単なる〝言葉〟として軽んじられ、売上や利益といった〝数字〟だけが重視される風潮があります。特にいわゆる「現場」で働いている従業員の人たちほど、その傾向が顕著です。やはり日々数字を追いかけている（あるいは数字に追われている）と、そうした言葉の重要性をなかなか実感できないのかもしれません。「こんな企業理念や社是なんて、現場では何の腹の足しにもならないよ」と思いながら、毎朝機械的に朝礼で唱えている人も少なくないでしょう。

確かに数字は具体的で明確です。しかし、**それ自体は戦略やビジョンにはなりえず、フォロワー（部下）やチームメイトの自主積極的な行動を促すものでもありません。**

一方、言葉による目標やビジョンは曖昧になりがちですが、**従業員やフォロワーに行動の指針を与え、彼ら・彼女たちの自主性・積極性を引き出す力になりえます。**

日本の多くの企業には、この**「言葉で率いる」**姿勢が欠けています。

これは企業のみならず、政治や行政、教育、スポーツの世界など、日本社会全体にも少なからず言えることです。

戦略を掲げるだけでは現場に伝わらない

「そんなことはない。ウチの会社（チーム）はちゃんとビジョンがあるし、それを実現していく戦略もしっかり掲げている」という反論はもちろんあるでしょう。実際、企業のホームページなどを見れば、立派な社是や企業理念、経営ビジョンなどが並んでいます。それらをもとに会社としての目標を明確にして、その目標を実現するために具体的な戦略を立てている企業もたくさんあると思います。

しかし、**戦略は、なんとなくそれらしく掲げればいいというものではありません。**日本の社会を見渡せば、**戦術内容を戦略として掲げていたり（戦略と戦術の混同）、戦略に沿わない戦術を現場が採用していたり（戦略と戦術の齟齬）**するケースが多々あります。

では、仮に戦略がしっかり定まっていたとして、その経営レベルにおける戦略は、現場レベルの業務（戦術）にしっかりと反映されているでしょうか？

もしかすると、私の研修先のアパレル企業も、経営陣たちにはそれなりにしっかりとした戦略があったけれど、それが現場レベルに反映されていなかっただけなのかもしれません。しかし、それでは結局「戦略の欠如」と同じです。前述の通り、実際に当時の私は同社にそういう印象を抱いていました。

企業に限らずどの世界でも、**現場レベルではどうしても個別最適の追求に走りがちに**なります。それが全体最適に寄与するものであれば問題ないのですが、**時として個別最適の追求は全体最適の達成を阻害する**要因になります。

そのような事態になった時、全体最適のために現在進行形で成果をあげている自分たちの仕事を抑制する（場合によっては中止する）という〝決断〟を現場レベルで下せるでしょうか？

難しいケースのほうが多いであろうことは想像にかたくありません。

戦術と戦略の架け橋となるのが「作戦術」

先ほども述べた通り、戦略とは「未来をより良いものに変えるために、今後どうするか」というビジョンであり、時間と多くのアセットを使用してより良い未来を実現するための方法と手段です。

一方、戦術とは「いま起きていることにどう対応するか」に関する技術です。

経営（運営）レベルの戦略と現場レベルの戦術に齟齬が生じていると、組織の戦略目標の達

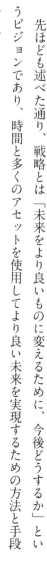

成、すなわち全体最適の達成は難しくなります。

実はこれは軍事の世界でも大きな課題であり、かつてアメリカやロシア（ソ連）はこの「戦略と戦術の齟齬」の問題に大いに頭を悩ませていました。

そこで、**戦略と戦術の中間に「作戦」というレベルを設定し、戦略がしっかりと個別の戦術に反映されているか、個別の戦術が戦略目標に寄与する内容になっているかを調整・コントロールする技術を磨いていったの**です。

歴史的な経緯についてはまた後ほど詳しく解説しますが、こうして生まれたのが「作戦術」です。

言葉の響きから「上手な作戦の立て方についての技術」といったイメージをされるかもしれませんが、実際は**「戦略目的（全体最適）を達成するための現場（個別最適）のコントロール術」**のようなものです。

とはいえ、それは上（軍本部）からの一方的なコントロールではありません。現場（前線）レベルでも戦略との整合性を意識しながら自主積極的に自らの戦術をコントロールしていきます。

つまり、**組織の上も下も一丸となって「今の個別最適（戦術）をどのようにコントロールすればより良い未来の全体最適（戦略目標）につなげられるか」を考えて実行していく**というわけです。

軍隊と聞くと「上からの命令は絶対」というトップダウン型の印象があるかもしれませんが、近年では、**前線の兵士が上位レベルの戦略の意図を汲みながら自主積極的に動いて戦術を展開していくミッションコマンド型の軍隊が重要視**されています。その理論的な基礎になっているのが作戦術なのです。

〝個〟が集まっただけでは組織やチームとしては機能しない

私は、日本の企業(に限らず日本の社会や組織全般)には、この「戦略をもとに戦術をコントロールして全体最適を達成していく」という作戦術的な考え方や視点、言うなれば**「作戦術」思考が欠けている**と感じています。

誤解のないようにお断りしておくと、私は「だから日本はダメなんだ」と言いたいわけではありません。

あらためて言うまでもなく、日本には真面目で勤勉で優秀な人材がたくさんいます。それは日本人に限った話ではなく、最近では日本で働く外国の方々も真面目で勤勉で優秀な人たちが増えてきた印象を受けます。

私が指摘したいのは、そうした優秀な個々人の持つ能力が、「作戦術」思考の欠如によって、さまざまな場面で有効に活用されていないのではないか（だとすれば、それはあまりにもったいない！）、ということです。

また、極めて残念ですが、**個々人が全体最適に向けて能動的・主体的に動くようにマネージメントされていない**ために、個々の能力が十分に発揮されず、結果として組織力に結びついていないのではないかとも思われます。また、個々人が能動的・主体的に動くと上に向かって、戦略のあり方についての改善意見などが提案されることもあり、一層組織力が強化されるのではないかと思います。

例えば私の研修先のアパレル企業にしても、個人単位では優秀な人がたくさんいたと思います。だからこそ、（少なくとも私から見て）組織としての戦略が欠如していても、企業活動を長年にわたって維持できていたのでしょう。

しかし、それはまるで**〝個〟が足し合わさって会社になっている**ようなものです。

研修当時は、あまり明確に表現できませんでしたが、今になって考えてみると「個人商店が立派なビルに個々に入っている」というイメージです。

はたしてそれで、組織として機能している（組織の資源が最大限に活用されている、組織として集まった個の強みが最大限に発揮されている）と言えるでしょうか？

日本では、このように「優秀な個人頼み」で何とか組織やチームとして成り立っている例は、実は意外と多いように思われます。実際、この話を企業の方にすると「いや、ウチの会社もそういうところがあるんだよね」と同調されることがよくあります。

全体最適を追求できる人材を育てるには専門教育が必要

優秀な個人が集まったとしても、組織として有効に機能し、優れた成果を出せるとは限りません。例えばサッカーで世界中から優れたプレーヤーを厳選して即席のオールスターチームをつくっても、それが「世界一強いチーム」になるとは限らないのと同じことです。おそらく、日々のトレーニングを通じて、磨き抜いた個別最適を組み合わせて全体最適化を追求している世界の強豪クラブチームには、歯が立たないでしょう。

〝個〟の集まりが組織として有効に機能するには、**全体最適を見ながら個別最適をコントロールできる人材や仕組みが必要**になります。

しかし、例えば企業の場合、組織の全体を見渡せる人材は、なかなか日常の業務を通じて育てることができません。各部署での仕事に入り込み過ぎてしまうと、どうしても目線が個別最適の追求に傾いてしまいがちになるからです。

時には、それでも全体を見渡せる優れた人材が偶然現れるかもしれませんが、「優秀な個人頼みの日本型組織」のあり方から脱却するためには、やはり**自らの組織内で必要な人材を戦略的に育てる必要がある**と思います。

ところで、私は自衛隊を退官後、さまざまな方々と意見交換をする機会に恵まれてきましたが、その際に「全体最適を追求できる人材は、ＯＪＴ（On the Job Training：実際の業務を通じて知識・技術を習得させていく教育）ではつくれない。ＯＪＴだとどうしても個別最適な人材となる。全体最適の追求を学ぶには、それ専用の特別な教育が必要である」という、私と同じ意見をよく聞きました。そのたびに、「日本型の組織」というものについて、自分と同じような問題意識を持っている人たちが各方面にいることを実感します。

またある時には、米国ＭＢＡ（経営学修士）を持つコンサルタントの方と日本企業について意見交換したところ、私の「日本企業の多くはいまだに個人商店が大きな立派なビルに入っているだけのように思う」という意見にも大いに同調していただきました。さらに、ここで述べたような作戦術の話や、会社の将来像を描く戦略の話をすると、「それらが日本企業には欠けている」と賛同してくれたことを思い出します。

ちなみに、そのコンサルタントの方が日本企業に「将来ビジョンである戦略をきちんと立て、それに基づき各部署に妥当な目標を与え、それを期間ごと適切に評価し、その評価に基づく改善策を立案して、次の期間に反映した計画を立て実行するべき」といったアドバイスをすると、企業側からは大抵「そんなことは不可能だ」との反論がくるそうです。それに対して「では、どうしますか?」と聞くと、「策はない」という回答になるそうです。

全体最適を無視した個別最適の追求で経営破綻に陥ったJAL

ここで「作戦術」思考の欠如によって失敗したと思われる企業の事例を2つ紹介したいと思います。

1つ目は、2010年に経営破綻したJAL（日本航空株式会社）の事例です。

同社再建の立役者となった植木義晴代表取締役社長がのちに語ったところによると、当時の

JALは、自分たちの価値観だけに基づく自己中心的な経営に陥っていたそうです。会社はそもそも株主のものであるにもかかわらず、株主配当を増やすなどして株価を上げる努力をするという組織風土は一切なく、それぞれの部署も足並みが揃わず、バラバラでした。経営破綻前の数年間は特に経営状況が悪かったため、とにかく**経費を節約することが至上命題**になっていたそうです。

例えば、機内食の担当部署では、機内食の経費を浮かせるためにできるだけ安く食材を仕入れ、量も減らして、機内食にかかる経費を節約していました。機内食担当部署からは「機内食一食あたりの経費を○○円節約しました」と非常に成果があがっているとの報告が上にあげられていましたが、そうした経費節約の努力と反比例して、乗客の機内食に対する評判は低下する一方でした。一人あたりの機内食の量が減り、味も落ちたことで、乗客からの評価も下がっていたにもかかわらず、**担当部署では、懸命に経費を節約することこそが自分たちの「正当な仕事」だと思い込んでいた**のです。

他の部署でも同様の努力が続けられ、**結果的に「経費節約」という個別最適は達成されたものの、「顧客を確保して会社を立て直す」という全体最適は達成されず、最終的には会社そのものが潰れることになってしまいました。**

なぜゆうちょ銀行は自衛隊員の給与振込先として人気だったのか？

2つ目は、私の自衛隊時代の体験に関連する、ゆうちょ銀行の事例です。

私が入隊した頃の自衛隊は、現金で給与やボーナスを受け取るのが普通でしたが、のちには銀行などの口座振込が一般的になりました。当時その振込先として、隊員たちの間で特に人気があったのが民営化後のゆうちょ銀行でした（確か一番人気だったと記憶しています）。

人気の理由は、ゆうちょ銀行は全国どこにでも支店があるとともに、ATMもほとんどの駐屯地内に置いてあったからです。自衛隊の基地や駐屯地は、都会だけにあるわけではなく、銀行が近くにないような地域にも多くが所在しています。ゆうちょ銀行はある意味隊員にとって「救いの銀行」となっていました。

ところが、ゆうちょ銀行は、2007年の郵政民営化に伴い、次第しだいに黒字経営が至上命題となり、「ATMは儲からない」という理由で、自衛隊の駐屯地内からも徐々にATMを撤去していきました。

これをきっかけとして隊員たちは、転勤のたびに振込先をゆうちょ銀行から転勤先の地元銀行に変更するようになりました。

駐屯地内にゆうちょ銀行のＡＴＭがあったからこそ、給与の振込先に指定していたのであって、ＡＴＭがなければゆうちょ銀行にこだわる必要がなくなったからです。

確かに個別最適で見ると、ＡＴＭは赤字で効率化の対象だったのかもしれません。しかし、隊員にとってみると駐屯地内にＡＴＭがあることはゆうちょ銀行を給与の振込先として選ぶにあたって極めて重要な要因でした。

その後、ＡＴＭの重要さに気づいたゆうちょ銀行は少しずつその考えを修正したと聞いています。

余談ですが、２０１６年、日本の最西端に位置する与那国島に陸上自衛隊の駐屯地が開設された際には、ゆうちょ銀行に対して島内にＡＴＭを設置することを自衛隊側から要望し、結果的にＡＴＭの設置が実現しました。与那国駐屯地に勤務する隊員にとって、ＡＴＭの有無はまさしく死活問題でした。当時、与那国駐屯地を管轄する西部方面隊の指揮官だった私にとって、同駐屯地の隊員の重要な福利厚生のひとつが実現して安堵したことを思い出します。

「作戦術」思考が欠如した組織は全体最適から遠ざかる

ＪＡＬにとっても、ゆうちょ銀行にとっても「経費節約」は重要命題であり、それ自体は組織にとって極めて妥当な目標だったと言えます。

ただ、その組織の全体目標を細分化して部署ごとの特性に応じた目標を付与することなく、**経費削減という目標をそのまま各部署に均等に示していた**のです。

しかし、顧客を確保してこそ会社の存立が可能であることを考えると、**両社とも「顧客をどうやって増やすのか」という最重要目標に対しての全体最適はその当時は行われていなかった**と評価せざるをえません。

全体最適達成のためには、各部署の目的・目標・手段の統制が極めて重要となります。

しかし、**組織の全体最適化のためのマネージメントを行わないまま、戦術を各部署に任せてしまうと個別最適のみを追求してしまいがち**です。

それを防止するためには、全体最適の観点から各部署に目的・目標・手段・方法を付与し、各部署の戦術が会社全体の目的・目標の実現（全体最適の達成）につながる方向へと組織をマネージメントする必要があります。

特定の部署が赤字になっていたとしても、それが顧客確保のための必要経費だと判断されるなら削減することなく、他の部署の利益でカバーしながら、会社全体として黒字になるように各部署を統制する——当時のJALとゆうちょ銀行に必要だったのはそうした「作戦術」思考だったと思います。

例えばJALの場合、2倍、3倍の経費枠を機内食の担当部署に与えて「顧客の喜ぶ機内食」を考えさせ、一方、機内食経費の増加分は顧客が増加することに伴う利益増と他部署の効率化などで吸収するといった「作戦術」思考のマネージメントが必要だったのではないでしょうか。

ゆうちょ銀行も同様で、隊員の希望を把握して、その隊員顧客の確保のために、たとえ赤字でもATM設置を推進し、それによる赤字は顧客増加と他の部署での効率化を追求するなどの「作戦術」思考のマネージメントが必要だったと思われます。

経費節約という全体目標の下では、「顧客を確保・増加させるために顧客満足度を上げるための経費を増やす」という戦術は、担当部署からはなかなか出てきません。全体最適をマネージメントする能力のある人材がそれを達成するのに十分な権限のあるポストに就かない限り、こうした戦術のコントロールによる全体最適の達成は難しくなります。**組織に「作戦術」思考が欠如していると、個別最適のみの追求となり、全体最適からは遠ざかる一方になってしまう**のです。

チームビルディングに必要なのは勘や経験よりも〝理論〟

確かに日本の企業は良質な製品やサービスをつくり出すのはとても上手です。しかし、それをどう売り出していくかという戦略レベルの話になると**「一生懸命良い物を作れば結果（利益）は後からついてくる」という発想で止まってしまいがち**です。そして、自社の製品やサービスを戦略的に市場に売り込んでいけなかった結果、海外企業にシェアを奪われてしまっている例をよく見かけます。

このように個別最適（戦術）のレベル、つまり物づくりなどでは優れた成果をあげられるものの、全体最適（戦略）のレベル、物づくりから販売戦略までをトータル的にマネージすることは不得手であまり成果をあげられていない、というのが日本企業の現状ではないでしょうか。うまく全体最適が達成できている企業でも、よくよく中身を見れば、**その会社に「たまたま全体を見渡せる人材がいた」だけで、システムとして全体最適をチェックする体制になっていない**ことがほとんどです。

基本的に組織の運営は「一人ひとりが全力でがんばれば組織全体も良くなるはずだ」という発想でなされ、どうすれば全体最適を達成できるかをチェックする人も部署も存在していない、という企業が多いと思われます。

そこには、**組織の運営やリーダーシップに関する「理論」がありません。**

全体最適の追求に関しても、**個人の勘と経験に頼ってしまっている**のです。

日本人は「理論」というものを「机上の空論」的なイメージでとらえ「実際の現場では役に立たないもの」として軽視しがちですが、チーム力の向上や効率的な組織運営にはそれに適した理論をしっかりと学び、**「組織知」として蓄積して活用できるようなシステム**を構築する必要があります。

逆にいうと、組織に「組織知」がないから「個人の勘と経験」に頼ることになり、多くの日本企業が優秀な個人頼みによって何とか組織の体裁が保たれているような形になるのです。この状態をもって「個人商店が立派なビルに個々に入っている」と感じてしまうのです。

「作戦術」思考で「理想のチーム」をつくるには？

組織（チーム）を勘と経験で運営するのは非効率的で、何事にも時間がかかります。

また、組織内で蓄積されてきた個人の勘や経験はやがて変質して「ムラの掟」のようなものとなり、「阿吽《あうん》の呼吸」や「以心伝心」が当たり前のものとなり、それに適応できなければ「無能」と見なされるといった弊害も生まれてきます。

そもそも、**個人の勘や経験は、知識として他人に言葉で伝えることが難しい**ものです。これを**「暗黙知」**と言います。優秀な人ほど「これは自分以外の人間にはわからない」と職人気質になってしまうところがあるので、その人の勘や経験を組織内で共有することがますます難しくなります。その組織に入ったばかりの新人は理論的よりどころがないため、周りの動きをキョロキョロみて学ぶこととなり、なじむのにストレスが多く時間もかかってしまうのです。

一方、**「理論」は、それが知識として他人に言葉で簡単に伝えられる**ものです。経験などを知識として「理論」に変換した時、その理論を**「形式知」**と言います。

さらにその「形式知」を組織全体で共有できるようになれば、もはやそれは**「組織知」**と呼べるものになり、組織内における意思の疎通が実にスムーズになります。

つまり、**「作戦術」思考を組織運営の理論として「組織知」にすることができれば、まさに上から下まで組織一丸となって全体最適を追求できる「理想のチーム」ができる**というわけです。

「わかる」と「できる」では大違い

「作戦術」自体はかなり専門的な軍事理論なので、その道のプロでもなかなか完全に理解して体得するのは難しいのですが（実際「作戦術」の定義や解釈は専門家の間でも意見が分かれている上に、理論自体も日々研究され進化し続けています）、本書で述べている「作戦術」思考に関しては、おそらく大半の人が感覚的に容易に「わかる」はずです。むしろ「戦略と戦術がバラバラになってはいけないことくらい、わかりきったことだろう。何を当たり前のことを言っているんだ」と不満に思われる方もいらっしゃるかもしれません。

しかし、**「わかる」と「できる」は大違い**です。

あるいは、**「知っている（つもり）」と「できる」も大違い**です。

軍事の世界で「作戦術」を知識として知っている人でも、それを実際に使いこなせるわけではありません。作戦術は「形式知」であると同時に「暗黙知」的な要素もあり、その知識をもとに繰り返し実践して技術を磨いていかなければ使いこなせないものだからです。

それは本書の「作戦術」思考も同じです。

よくハウツー本にあるような「本書で紹介する○個のルールを守れば誰でもできるようにな

ります」というインスタントなものではありません。しっかりと本質を理解した上で、日常生活や仕事の場において繰り返し実践して経験を積み、その「暗黙知」を「形式知」にして自分自身とチームにフィードバックする、という地道なトレーニングを通じて身に付けていくものです。

人によっては「地味」だと感じられるかもしれませんが、そうした**地味で地道な努力を積み重ね、継続するからこそ〝本物〟の実力になる**のだと思います。

第 2 章

なぜ作戦術が必要なのか

「作戦術」はどうして誕生した？

本章では、まず「作戦術」というものが誕生した歴史的な経緯について見ていきたいと思います。

軍隊や歴史の話に興味はないという方もいるかもしれませんが、**かつてソ連やアメリカが何に悩み、どのような問題意識を持っていたのかを知ることは作戦術の本質を理解する上でも重要**だと思います。

近代以前の戦争は「戦術」と「戦略」によって戦争を行っていましたが、近代に入り戦争が大規模化・複雑化するにつれ、戦術と戦略の齟齬――例えば**戦術レベルでの勝利が戦略レベルでの勝利につながらないというギャップ**が生じるようになってきました（「戦略」や「戦術」を厳密に定義するのは難しいので、この章では「戦略≒政治（国家）」であり、「戦術≒戦闘の方策」とお考えください）。

そこで、戦術と戦略の間に新たに「作戦レベル」という段階を設定し、それを運用するための「作戦術」を編み出して、このギャップの解消をはかっていったわけです。

作戦術の定義

内容に細かい違いはあるものの、大まかにいうと、ソ連軍や米軍は作戦術を「戦略と戦術を結びつけるもの」と定義しました。

ちなみに、米海兵隊では「作戦術」ではなく「作戦レベル」という用語が使われています。海兵隊の軍事マニュアルでは「作戦レベルの役割は、戦術（戦闘）を戦略目的に寄与させること」と、作戦レベルの意義・役割が述べられていますが、これはおおむね米陸軍の作戦術規定と同じと言えるでしょう。

こうして作戦術は、戦略目標を達成するために、軍隊指導部が戦略レベルと戦術レベルを結び付ける方策（サイエンス）とそのための技能（アート）として発展していきました。

作戦術を最初に確立したのはソ連

「作戦術」という概念と用語を最初に明示的に使用し始めたのはソ連です。

時期としては、実はアメリカよりもかなり早く、第一次世界大戦（1914～1918年）

におけるソ連への干渉戦争や、1917年の共産主義革命（ロシア革命）に伴う内戦を通じて作戦術がソ連軍内で確立され、1920年代に発展しました。

それ以前のナポレオン戦争やアメリカ南北戦争などでも暗黙的に作戦術的な運用事例はありましたが、はっきりと「作戦術」という用語と概念を明示的に使用して部隊運用したのはソ連が最初だとされています。

ソ連で作戦術が生まれた背景には、地形的な要因があります。

ソ連の国土は広大なので、「内戦」といっても、正面幅400〜1000km、縦深600〜3000kmという規模の戦場で敵と戦うことになりました。「正面幅」とは部隊が攻撃戦闘や防御戦闘で横方向に展開して担当可能な横方向の距離、「縦深」とは最前線の戦闘部隊から最後尾の戦闘部隊までの縦方向の距離を指します。ちなみに、日本の関東平野で部隊が行動展開できる広さは、およそ100km×100kmです。

ソ連国土のように戦場が広くなり、**敵陣に深く攻め入るほど、軍本部から前線の状況を把握するのが難しく**なり、従来の戦術と戦略のみの概念に基づく戦い方（軍中央本部が命令・指示を出して前線の部隊を運用する戦い方）では**部隊の運用も戦果の把握も極めて困難**となります。

そのため、戦略と戦術の間に「作戦」というレベルを設定し、そのレベルでの運用概念として作戦術が編み出されました。その作戦術の理論として、敵防御陣地の縦深への、あらゆる攻撃手段による同時攻撃という「縦深作戦コンセプト」などが発展しました。

「縦深作戦コンセプト」に基づいて、ソ連軍が敵の陣内深くまで攻撃侵攻すると、敵の陣内では予期せぬ事態に遭遇します。陣内では防御側は、事前準備に基づき障害を構成したり陣地を構築したりと、防御態勢を攻撃側よりも計画的に再構築できます。それに対して、攻撃側は初めて踏み入る敵陣内において何とか先手を打つ必要があります。その先手を攻撃側が打てないと、攻撃前進が頓挫し、敵陣地内で防御側に一方的にやられることとなります。

そのため、敵陣内で攻撃指揮を執る第一線指揮官（6千~2万人程度を率いる師団長以上）には瞬時の判断力が求められることとなり、前線の指揮官には、現在の米軍が提唱しているミッションコマンド的な**「独断専行」が推奨**されるようになり、そうした指揮要領を含めたものがソ連流の作戦術として確立・発展していったのです。

つまり、ソ連軍における作戦術とは、戦略と戦術の中間レベルを運用する概念であるとともに、その運用コンセプトとして**「機動戦」**[※1]が提唱されるとともに、第一線指揮官（師団長以上）

※1　戦争における戦闘の形態は「機動戦」と「消耗戦」の2種類に大別できます。
機動戦：後方にある敵軍の指揮所や兵站《へいたん》施設を破壊して、指揮・統制能力・士気等を弱めて戦闘継続の意思を失わせるための戦い。
消耗戦：敵軍の物質的な戦力を火力などによって消耗させ、その戦力を弱めて戦闘継続を不可能にするための戦い。

の独断専行とが一体化してこその運用概念だったのです。

完成度が高かったソ連の作戦術

ソ連軍は作戦術を「大部隊による作戦準備と実施の理論と実行方法」と規定し、「戦略を達成するための作戦準備と実施の方法」と位置づけました。難しい言い回しですが、ようするに**作戦術は「戦略と戦術を連動させるためのもの」**だということです。

ソ連軍の作戦術では、次のことを行います。

- **現在の作戦の特質を把握すること**
- **作戦計画・命令を作成すること**
- **大単位部隊（正面軍と軍）と編成部隊（軍団と師団）の任務を決めること**
- **戦闘中の部隊を継続的に支援すること**
- **大単位部隊の編制と装備を決めること**
- **将校と指揮統制機関に対する予行訓練を計画・実施すること**

名称	人数	従属部隊	指揮官
総軍	多数（10万以上）	複数の軍集団以上の部隊	元帥から大将
軍集団		2～4個の軍	
軍	50000から60000ないしはそれ以上	2～4個の軍団または師団	元帥から中将
軍団	30000以上	2～4個の師団	大将または中将
師団	10000から20000	2～4個の旅団または連隊	中将または少将
旅団	2000から8000	2～4個の連隊または大隊	少将または准将または大佐
連隊	500から5000	2～4個の大隊または複数の中隊	大佐または中佐
大隊	300から1000	2～4個の中隊	中佐または少佐
中隊	60から250	3～4個の小隊	少佐または中尉
小隊	30から60	2～3個の分隊	中尉から軍曹
分隊（または班）	8から12	なし。複数の組に分けられる場合もある	軍曹から兵長
班（または組）	4～6		伍長から一等兵
組	1～6	なし	

近代陸軍における部隊の単位（国によって異なることがあります。一例として）

・戦域における軍事作戦計画を作成すること

〈デイヴィッド・M・グランツ著『ソ連軍〈作戦術〉縦深会戦の追求』より筆者加筆修正〉

これらはかなり専門的な内容なので、「本来の軍事における作戦術とはこういう複雑なものなんだな」という参考程度にしてもらえれば十分です。ちなみに、ソ連軍は、1936年時点の軍事マニュアルで作戦術の10原則を示しています。

すなわち、①同時性、②諸兵科協同、③奇襲、④速度、⑤集中、⑥衝撃、⑦指揮統制と情報、⑧縦深、⑨機動、⑩追撃というものですが、これらは今日の軍事学の視点で見ても、当時のソ連軍がすでにかなり高い完成度で作戦術を確立していたことを物語っています。

ベトナム戦争の反省から作戦術を導入したアメリカ

アメリカが作戦術を取り入れたのは、ソ連よりもかなり遅い1980年代のことです。**きっかけはベトナム戦争の敗戦**でした。

ご存じの通り、ベトナム戦争での米軍は、個々の戦闘では常に勝利し、敵に対して損害を多く与えたものの、戦争には勝利できませんでした。**戦術レベルではすべての戦闘で勝っていたにもかかわらず、戦略レベルで負けてしまった**わけです。

米軍の反省すべきポイントは、「戦争に勝利する」という戦略目標を達成できない戦術をしてしまったことです。

なぜそのようなことになったのでしょうか?

戦術と戦略にギャップが生じてしまい、それを埋めようとしても戦術と戦略のみしかなければ、戦術を上級組織の方向へ拡大して中間をカバーする、もしくは戦略を戦術レベルにまで拡大してカバーする、という2つの解決策しか考えられないでしょう。

ベトナム戦争時のアメリカは後者、すなわち戦略を戦術レベルに拡大し、**軍人が考えて実行すべきことを政治レベルが行っていました。**このため、軍事の専門外の政治家が軍事作戦に関与し過ぎ、まるで第二次世界大戦におけるドイツ軍のような状況（ヒットラーが戦術目標を決定したり、攻撃や退却の可否などの作戦行動の決定を行ったりなど、軍人が行うべき作戦内容に口を出していた）となってしまっていたのです。

ちなみに、戦術レベルを戦略レベル（上級組織の方向）にまで拡大すると、大東亜戦争の日本帝国陸海軍のように戦略を戦術で考えることとなり、各正面の作戦が連接せず、個別最適の追求（真珠湾攻撃は単独の作戦としては大成功）によって、全体最適（太平洋における日米海軍軍事バランスを絶対的に大きく優位にする）がなされなくなってしまいます。

戦術レベルの頭で、戦略を考え実行しようとしても、全体最適も日本の国益も視野から消え、各正面の個別最適を実現してしまうというわけです。

死体や捕虜の数を「戦争の成果」に

話を戻しましょう。

軍事訓練を受けていない者が軍事作戦に口を出すと、軍事的にみると相当おかしなことを命じてしまうことになります。それは、例えば師団クラスの部隊を動かす場合、連隊・大隊・中隊・小隊・分隊・個人にまで命令を徹底するには時間がどれくらい必要か、その命令を実行するための戦闘予行には時間がどの程度必要か、各部隊の戦闘能力はどの程度か、などがわからないと時間的・能力的に不可能な命令を与えてしまうかもしれません。こうした軍事の基本がわからないのは、敵と自分たちの戦力比較をして、それに基づいて命令・戦闘指導を実施するなどの指揮運用能力を本来なら訓練演習の反復などにより相当な期間をかけて身に付けなければならないのですが、その能力についての体験学習がないからです。

当時のロバート・マクナマラ米国防長官（在任期間：1961〜1968年）は、ベトナム戦争において米軍を指揮するにあたり、民間企業の経営管理手法を用いました。

これが米軍の大きな敗因だったと言えます（一方で有益かつ多大な改革もされています）。

ちなみに、マクナマラ国防長官は、ハーバード大学のビジネススクールでMBAを取得し、米自動車大手フォード・モーター社長を務めた経歴のある人物です。当時のケネディ政権の閣僚のなかで唯一民間から直接登用され、44歳の時に史上最年少で国防長官に就任しました。

そのマクナマラ長官が用いた手法とは、具体的には以下のような内容です。

・戦場でのコストパフォーマンスを数値化

- **計画を徹底的に重視（PDCAサイクル）**
- **成果を数値化するため、死体・捕虜の数、鹵獲《ろかく》した兵器数、破壊した地下トンネル数を累積・評価**
- **中央集権化を強化するため、軍事マニュアルを改訂して、指揮官が自主積極的に行動することを抑制**
- **成果を目に見える形で示すため、（戦略がないにもかかわらず）大規模な北爆を実施**

当時のアメリカの戦略レベルの目的は「ベトナム全土の共産化を阻止して共産主義の拡大を防ぐ」というものでした。にもかかわらず、その目的達成に直接寄与しない、目の前の戦闘への勝利の証《あかし》として、敵兵士の死体や捕虜の数、敵から奪い取った兵器の数、破壊した地下トンネルの数を「戦争の成果」としてカウントしていたのです。

その結果、米軍は**敵兵士の死体の数などの「成果」をあげればあげるほど、「戦争の悲惨な映像」がメディアを通じて全世界に発信**され、アメリカ国内においても「もうこんなひどい戦争はやめてしまえ！」と反戦・厭戦ムードが高まることになりました。米軍の犠牲も膨らみ、アメリカ世論がこれ以上の戦争の継続を許さなくなったのです。

戦争の勝敗を分けるのは「重心」

ところで、米陸軍式の作戦術を構成する重要な要素のひとつに**「重心（Center of Gravity）」**というものがあります。簡単に言うと**「敵のパワーと行動の源泉」**を指す概念であり、**そこを崩せば敵が〝総崩れ〟する「急所」**のようなものです。例えば、戦国時代の桶狭間の戦いだと「今川義元」、第一次湾岸戦争だと「サダム・フセイン」が（政戦略レベルの）重心にあたると解釈できます（重心は戦略・作戦術・戦術の各レベルにあり、レベルによってターゲットが異なる場合があります）。

戦争（あるいは個別の戦闘）においては、敵部隊等のシステムを解明し、そのシステムを瓦《が》解《かい》させうる重心を見抜き、**重心を直接打撃するか、重心を崩すための弱点を打撃することが勝利のカギ**となります。

私が思うに、ベトナム戦争におけるアメリカの重心は**「アメリカの国内世論」**でした。

つまり、**北ベトナムはアメリカ側の「戦略と戦術の齟齬」により、労せずして（意図せずし**

て）アメリカの重心を打撃し、勝利したというわけです。あるいは、アメリカが戦略目的の達成に寄与しない戦術をとり続けた結果、「自爆」してしまったとも言えます。

とにかく、このベトナム戦争での失敗を反省したアメリカは、戦術と戦略のギャップをどう埋めるべきか、もっと「重心」を意識するべきではないか、といった議論を重ね、クラウゼヴィッツや孫子を再度研究するなども含めて試行錯誤の末、1980年代に作戦術を取り入れた軍事マニュアルを制定しました。この軍事マニュアルは「戦術と作戦術は軍人にまかせる、戦略（政戦略）は政治家が担当する」という線引きの機能も果たしたと思います。

ベトナム戦争におけるアメリカの敗北は、「戦略と戦術の齟齬」が大きな失敗につながりかねないことを学べる格好の事例だと思います。

企業も自社の「重心」を意識することが大切

「重心」理論に関して、企業における重心についても少し触れておきたいと思います。

企業の場合、ライバル企業の重心を見つけて打撃するというよりも、**自社の重心を明確に意識しておく**ことが重要であると思います。

前述の通り、ベトナム戦争における米軍は、戦術的な勝利にひたすら集中するうちに、米国の重心である国家世論の反発を招き勝利を得ることなくベトナムからの撤退を余儀なくされました。

このような轍《てつ》を踏まないために、**企業は組織改編やリストラを実行する前には、自社の重心について認識し、それに対して決定的な打撃を与えて再起不能とならないように注意するべき**でしょう。

例えば、とある防衛産業の方は、「設計図にはない蓄積してきたノウハウ」が自社の強みだとおっしゃっていました。また、金融・保険業界のある会社の方からは、「弊社は地域の各家庭とのつながりが強く、何世代にもわたってご支援するノウハウがある」と自社の強みを教えていただいたことがあります。さらに、別の会社の方は「官公庁や大企業など、従業員に転勤が頻繁にある方々へのニーズにあった提案力」が自社の強みだとおっしゃっていました。

このようなそれぞれの **〝会社の強み〟こそが「重心」**だと思います。

その強みは表にきちんと出ていないこともあるため、自社の強みを十分に認識しないまま、**キーパーソンや重要な部署を効率化・合理化、もしくは制度改革等の対象にしてしまう**おそれがあります。

一度重心を失うと、取り戻しにはかなりの労力を要するか、**最悪の場合には取り戻せないこ**

ともあるでしょう。

大切なことなので繰り返しますが、自社の「重心」については、社内で認識を共有することが極めて重要だと思います。

「目標」にはレベルの違いがある

「重心」の話題が出てきたついでに、やや専門的ではありますが、作戦術を構成するその他の要素についても少し触れてみたいと思います。

米陸軍では作戦術の要素として「重心」の他に、「望ましいエンドステート」「決勝点」「作戦系列と努力系列」「作戦速度」「期区分と移行要領」「作戦限界と転換点」「作戦リーチ」「策源」「リスク」という10点をあげています。

そもそも「作戦術」という用語は、さまざまな概念を総括した言葉であり、作戦術を理解するには、こうした要素の意味合いをしっかりと理解し、適用できることが極めて重要です。

ただ、それはあくまでも純粋に軍事の「作戦術」を身に付ける時の話であって、本書で述べる「作戦術」思考を身に付ける上では必要なものではありません。そのため、それぞれの要素がどういうものかについての説明は割愛させていただきますが、このなかで「望ましいエンドステート」に関しては、みなさんが組織の運営やチームビルディング、日常生活で戦略や目標を立てる際に何かしらの「気づき」を与えてくれるかもしれないので、ここで紹介させていただきます。

そもそも「エンドステート（end state）」というのは「終末態勢」という意味で、軍事的な文脈では「戦争において最終的に成し遂げるべき状態」といったニュアンスで使われます。「単なる目標とどう違うの？」と思われるかもしれません。軍事用語としての「目標」は、「目的達成につながるものであるとともに、達成が可能なもの」であり、**達成したか否かが明瞭に認識できる表現**でなければなりません。

例えば「敵の攻撃を破砕するために、A道沿いに前進する敵戦車5両を撃破せよ」という数値目標や「港湾内の敵艦船を火力で破砕するために、203高地を攻撃奪取せよ」という地形目標のように、達成したか否かの判別が容易なものを「目標」として示すことになります。

一方、「望ましいエンドステート」の場合、達成したか否かが明瞭にわかるような表現は難しくなります。**「望ましいエンドステート」には、「結果」を含む**からです。例えば、「周辺国から尊敬される国家になる」「地域住民から信頼される部隊となる」などのように、努力した結果得られることとなる他国の感情や他人の感情をも対象とします。

結果的に得られる「国家や住民の感情」までを対象に含めて表現した「目指すべき理想像」、これこそが「望ましいエンドステート」なのです。

地域住民からの信頼は、当該部隊によるさまざまな行動や規律正しい隊務運営を継続した「結果」、得ることができるものです。つまり、これは「努力した結果として得られるもの」を表現しているわけですが、そうした結果は直接「目標」として努力しても達成はできません。10年単位に及ぶ駐屯地の目指す将来像であり、「目標」以上のものを設定していると言えます。

つまり、「目標」だけでは十分に表現しきれないもので、より目指したい状態までをも表現するものが「望ましいエンドステート」であり、一般の企業や組織に見られる「ビジョン」や「企業理念」に相当する概念だと言えます。これを掲げることで、より長期にわたり目指すべき将来像を明らかにします。そうすることで、**組織の目指すベクトルを定め、努力の方向性がぶれないようにする**わけです。

もちろん、日常生活ではわざわざ軍事的な「目標」と「望ましいエンドステート」という言葉の使い分けにこだわる必要などなく、どちらの意味でも「目標」という言葉で十分だと思います。本書でもこれ以降、特に断りがない場合は一般的な意味での「目標」を使わせていただきます（企業レベルでは、「目標」と「ビジョン」という使い分けをすることもあります）。
ただ、目標にもレベルの違いがあることを日頃から認識しておくと、今後戦略をより一層精緻なものに仕上げるヒントが得られるかもしれません。

自衛隊と作戦術

作戦術は1980年代に米軍に導入されて以降、さらに研究が進められ、今日ではNATO加盟の欧米諸国の軍隊を中心にその手法が一般的になりつつあります。また、作戦レベルでの適用にとどまらず、その方法論が戦略レベルでも活用されています。

ところで、ここまで読んでこられて「日本の自衛隊はどうなんだ？　やはり作戦術を取り入れているのか？」と気になった方もいらっしゃるかもしれません。

あくまでも私から見ての話ですが、陸上自衛隊への作戦術の導入は「道半ば」といった状況です。

「道半ば」と表現したのは、私の認識では、進化の余地が未だあるとともに個人間で微妙に差異がある「暗黙知」にややとどまっていると思われるからです。陸上自衛隊発足以来、完成度高めてきた戦略と戦術は世界でも最上位にあると思いますが、作戦術は「組織知」としての理論化には未だ改善の余地があるかと思います（ただし、筆者は退官して5年以上経っており、あくまで個人的感覚での意見です）。

作戦術を「形式知化」してより完成度の高い「組織知」にすることが重要であると思います。とはいえ、これは「欧米の軍隊を見習え」という話ではありません。

確かに作戦術は陸上自衛隊においても、総隊から方面隊以下小隊レベルまでの部隊運用、つまり戦略～戦術レベルの幅広い分野において極めて有益だと思われます。

しかし、諸外国の軍隊と違って自衛隊の戦闘は基本的に日本国内の防衛行動が想定されます。つまり、沿岸監視、重要防護施設の防護、国民保護活動などを通じて、国民の生活や財産、各種インフラ、国と各地方公共団体の行政機能などを守りながら、国内法も強く考慮しつつ、敵軍と戦わなければなりません。そのため、例えば米軍が敵地で行動する際よりも必然的に複雑な任務にならざるを得ないのです（敵地での軍事行動の場合、自国でのそれとは異なり、自国民への配慮は必要ありません。行動する地域も他国での活動であるため自国の国内法には縛られません）。さらに、2022年12月に「安全保障関連三文書」が発出され、自衛隊の役割・体制が大きく変化することから作戦術をはじめ運用術をさらに進化発展させる必要があります。

よって、陸上自衛隊が作戦術を取り入れるにしても、単純に米軍式のものをそのまま導入すればよいというわけにはいきません。日本のさまざまな事情を考慮して工夫をこらし、日本式の作戦術に今後も進化させる必要があるでしょう。

「軍事のシロウト」の意見を軍事マニュアルに反映させた米陸軍

ベトナム戦争以後、米陸軍は、作戦術を取り入れた軍事マニュアルをつくるにあたって、アメリカの未来学者アルビン・トフラーが提唱した**「第三の波」**という概念の影響を大きく受けました。米陸軍式の作戦術のベースは「第三の波」にあると言われています。

「第三の波」はトフラーが1980年の著書『第三の波（The Third Wave）』で提唱した概念であり、トフラーは、**現代文明が農業革命（第一の波）、産業革命（第二の波）という二つの大変革を経て、情報革命という「第三の波」のうねりのなかにある**としました。

「第一の波」の文明は農業化社会です。人々が土地に縛られ、誰がリーダー（権限を持った人間）なのかがはっきりしているという特徴があります。

「第二の波」の文明は、産業化・工業化社会です。産業や工業が発達することで規格化・分業化・同時化・集中化・極大化・中央集権化が進み、都市に人口が集中し、地方に過疎化が起こります。

また、組織が大きくなり過ぎることで、組織の意思決定のメカニズムや内部の権力構造（個別の事案に対して誰が決定権を持っているのか）が複雑となり、本当に権限を握っている人間がわかりづらく、いわゆる「陰謀論」などが時として蔓延するという特徴もあります。例えば、実はトップにいる人は〝お飾り〟で、組織や部署のトップではない人が〝調整役〟として実権を握っているケースがよく見られることから、「実はあの人が裏で糸を引いているのかもしれない……」といった陰謀論が流行《はや》りやすくなったりするというわけです。

「第三の波」の文明は情報化社会です。「第二の波」の文明（産業化・工業化社会）の特徴である規格化・分業化・同時化・集中化・極大化・中央集権化の原則から脱却し、情報革命によって透明性が拡大した、効率的で無駄のない情報化社会になるとトフラーは主張しました。このことから、よくトフラーは「1980年時点で今日の情報化社会の到来を予言していた」と言われます。

トフラーの著書『第三の波』はベストセラーとなって米軍関係者にも広く読まれ、米軍内では「これからの『第三の波』の時代に備えて軍隊も変わっていかなければならない」という問題意識が共有されました。そして、1982年に「エアランド・バトル」という新しい軍事ドクトリン（原則）を盛り込んだ軍事マニュアル（FM100－5）をつくるに際して、米陸軍の上層部は「第三の波」の軍隊を目指すべく、直接トフラーと議論を交わすことで彼の理論の理解を深めたと言われています。

このエピソードに関しては、トフラーの先見性もさることながら、軍事のシロウトである「未来学者」の理論を受け入れ、軍事マニュアルにまで反映させた米陸軍の〝懐《ふところ》の深さ〟にも驚かされます。

詳しくは後述しますが、これは人間の「属性」と「主張」とを分けて考えることができる西洋社会ならではの〝強み〟でしょう。

日本の場合、良くも悪くも「餅は餅屋」の文化があるので、（本書の冒頭で紹介した、私が研修先のアパレル企業で作戦術に基づく提案をした時のように）門外漢のシロウトの意見は大抵一蹴《いっしゅう》されます。

ミッションコマンド型の人材でなければ「第三の波」の世界で生き残れない!?

「第三の波」は、当時からみれば約20年から30年後という、まさしく未来の時代を予言する書であったため、トフラー自身もそれほど明確に説明しているわけではありません。ただ、私なりにトフラーの理論を解釈すると、**「第三の波」では知識や情報こそが大事なツール**になります。

例えば「第二の波」の組織では、お金と権力で人を強引に動かすことができましたが、「第三の波」の組織では、知識や情報をもとにうまくマネージメントしなければ人を指示通りに動かすことは難しくなるでしょう。ネット情報などにより、フォロワーのほうがより多くの知識を持っていることもあるからです。

そうした社会で活躍できるのは、**情報資料を自ら収拾して、自らの知識に基づいて取捨選択して情報に変換し、その情報をもとに自ら積極的に行動するミッションコマンド型の人材**です。と言うより、そうした人材でなければ「第三の波」の組織で生き残っていくのは難しくなると思われます。

「第三の波」は情報化革命を経た情報化社会ですから、情報資料を得る方法はいくらでもあります。そこでは**より効率的に情報資料を取る工夫と、その取った情報資料から情報に変換する工夫の継続が重要**になります。[※2]

実は、こうした「第三の波」の世界でこそ、作戦術は最も有効に機能するのです。

「第三の波」の軍隊は兵士が「考える細胞」

多くの人が「軍隊」と聞いて思い浮かべるのは、おそらく「第二の波」の軍隊です。

前述の通り、トフラーは「第二の波」の特徴として、規格化・分業化・同時化・集中化・極大化・中央集権化をあげています。実際、ナポレオンの時代から第一次世界大戦、第二次世界大戦までの軍隊はそれらの特徴があてはまるものでした。

規格化された装備品、兵科（歩兵、戦車、砲兵、通信、輸送などの区分）による分業化、同時にたくさんの弾を敵に向かって撃つ集中砲火による飽和攻撃、部隊や戦艦は大きいほうがよいとされ、それらを中央集権体制によって統制していく、典型的なトップダウン型組織で上からの命令は絶対、というのが第二次世界大戦までの基本的な軍隊のあり方だったわけです。

一方、「第三の波」の軍隊は、ミッションコマンド型の作戦術的な軍隊であり、**兵士一人ひ**

とりが組織のなかの「考える細胞」として自主積極的に判断して行動していきます。好き勝手に動くというわけではありません。前線の兵士は、上官の意図（戦略）をしっかりと把握した上で、刻一刻と変わる現場の状況に即して自らの判断で対応していくのです。**前線では、情報とスピードが戦況を左右するので、迅速な対応のために各兵士の自発的な意思決定が尊重**されます。イラク戦争での米軍は、下士官の戦地における行動が世界中に報道され戦略的に大きな影響を受けたとの教訓から、下士官に対して大学院修士レベルの軍事教育を受けさせて、適切で自主積極的な行動がとれる兵士の育成を始めました。

こうした**ミッションコマンド型のチームビルディングができている「第三の波」の軍隊でこそ、作戦術の力が最大限に発揮される**というわけです。

※2　情報資料：事実そのものであったり、見たり聞いたりした現象など加工されていない断片的に得られたものや事象のこと（例：戦車10両発見。橋に砲弾が命中）。
情報：これから行う行動を決定するために必要となるもの、影響を与えるもののこと（例：戦車中隊レベルの敵部隊が接近中。橋は通行不可能となっており、迂回路は存在しないため、橋に代わる通行手段が必要）。

「波」は社会を分析するツール

もちろん、このトフラーの考え方は、「絶対にこれが正しい」というものではないかもしれませんが、社会の仕組みを理解する分析ツールとしては使い勝手が良いものだと思います。

例えば、北朝鮮もロシアも誰がトップかわかりやすいので、政治は「第一の波」です。しかし、軍隊には量の多さや規模の大きさを重んじる「第二の波」の特徴が見られるほか、情報化を進めようとする「第三の波」の特徴も見られます。

中国は、一見トップがわかりやすそうですが、共産党内の権力バランスには不明瞭なところもあるので、政治は「第二の波」でしょう。軍隊は「第三の波」になろうとしているけれど、人民解放軍が共産党の直接の支配下にあるという構造的な問題から「第二の波」を完全には超えられないのではないかと思われます。

ミッションコマンド型の軍隊では、一人ひとりが全体最適を目指して自主積極的に判断して動きます。こうした**自主積極的に動くことを期待し、それを容認して組織運営に活かすという行動原理が機能するためには、「すべての人間はそもそも対等である」という考え方と、その考え方に基づく民主主義が不可欠**だと思います。人間を信用するということと、教育やトレーニングによって人間の能力は向上して、全体として良い世界がつくれる、良い組織がつくれる、との共通認識が存在することがベースになると思われるからです。

アメリカは、軍隊に関しては、ベトナム戦争の反省からトフラーと議論を交わして〝意識的〟に「第三の波」に移行しました。このように意識的に「第三の波」に移ることを決めたのはアメリカぐらいです。

もっとも、ここまででおわかりのように、それぞれの波は一気に入れ替わるわけではなく、新しい波に移行したからといって、前の波の要素が完全になくなるわけではありません。3つの波が併存しながら、主となる波が段階的に移行していくというイメージです。「第三の波」を意識的に目指したアメリカでも、軍事産業など従来型の戦力をつくるような企業は、ある程度の〝規模〟が必要になるので「第二の波」にならざるを得ない側面はあります。

ただ、一方でトフラーは、波が次の段階に移行するときには、その間で紛争や軋轢《あつれき》が発生すると述べています。その通り、「第二の波」にあるロシアは、「第三の波」に移行しつつあるウクライナに対して侵攻したとたん、NATO諸国との間に摩擦を生じさせています。アジア正面でも「第一の波」の北朝鮮と「第三の波」に移行しつつある米韓連合国との間で、また「第二の波」の中国と「第三の波」の台湾との間で危機の可能性が存続あるいは増加しつつあると言えるでしょう。

ちなみに、日本の「波」に関しての詳細は、言及しなければならない事柄が多くなるので、次の第三章を中心にあらためて詳しく解説していきます。

ウクライナ軍がロシア軍に〝善戦〟している理由

みなさんご存じの通り、2022年2月24日に始まったロシアによるウクライナ侵攻において、ウクライナ軍はロシア軍に対して(2014年に侵攻された時の状況とはまったく異なり)十分以上に〝善戦〟しています。

大半の人たちは「ウクライナは世界各国からさまざまな支援を受けているからロシア軍と戦えているんだ」と思っていますが、それは戦いにおける必要条件の一部でしかありません。**たとえ他国から武器や情報などを提供してもらっても、ウクライナ軍自体にそれを活かす実力がなければ戦えません。**事実、ウクライナ軍は見事にそれらを活用し、兵力で勝るロシア軍相手に善戦しているのです。

あくまでも各種報道、諸外国や防衛省の発表など公開情報に基づく分析ですが、私は現在のウクライナ軍は「第三の波」の軍隊に近いレベルにあると認識しています。対するロシア軍は一部「第三の波」の要素もありますが「第二の波」が主流の軍隊だと考えられます。この両軍の差が、現在のウクライナ軍の戦い方につながっているのだと思います。

「ソ連が作戦術を最初に生み出した歴史があるのに、その後継であるロシアは『第三の波』の軍隊になっていないのか?」と疑問に思われたかもしれませんが、実はソ連軍の作戦術は、その後に登場する米陸軍式の作戦術とはやや異なるところがあります。米陸軍にしても、直接ソ連軍の作戦術を参考にして作戦術を導入したわけではありません。

専門的な話になってしまうので詳しくは述べませんが、簡単に言うと、伝統的にソ連軍およびロシア軍でミッションコマンド的な「独断専行」が推奨されていたのは、6千人から2万人の兵を率いる「師団長」以上の上級指揮官でした。しかも、当時は情報革命が起きる前の時代でしたので、情報のないなか、第一線の上級指揮官が自ら判断するように求められていたのです。今日ウクライナ侵攻の前線で部隊を率いている指揮官(500~600人規模の大隊戦術群「BTG」を率いる「大隊長」クラス)はミッションコマンドに不慣れで、基本的には上からの命令に忠実に従う中央集権的な体制で部隊を運用しています。そのため、現在のロシア軍は「第三の波」よりも「第二の波」に近い軍隊だと位置づけられるのです。

ところで、開戦当初（2022年2月〜4月頃）には、よくロシアの将官クラス（上級指揮官）がウクライナ軍の標的になって戦死したことがニュースになっていました。そのような事態になったのも、ミッションコマンドに不慣れな第一線の大隊長クラスの指揮官では刻一刻と変わる前線の状況に対応しきれなかったので、上級指揮官が危険な前線に出て状況判断せざるを得なかったという事情があったのだと思われます。**ロシア軍がミッションコマンドのできる下・中級指揮官の育成を数年前から進めていたという話も聞きますが、やはり一朝一夕にはいかなかった**のでしょう。よって、ロシア地上軍は「第二の波」の典型的な戦い方である大量の火力や兵員の多数投入などにより、損耗が多くて、突撃を繰り返すような、がむしゃらな攻撃に頼るしかなかったと言えるでしょう。

一方、ウクライナ軍は2014年のいわゆるクリミア危機でロシアに領土を奪われて以降、アメリカやNATO・EUの軍事的・経済的支援を受けながら軍隊を鍛え直しました。その結果、8年後に起こった2022年のウクライナ侵攻では、米軍型・NATO型の戦い方、すなわち「考える細胞」になった兵士たちがヒットアンドアウェイを繰り返し、小部隊でも効率よく戦う「積極機動防御（mobile active defense）」という戦闘技術ができるまでに成長していたのです。

また、ウクライナ軍は数ではロシア軍に劣るものの、予備戦力を訓練し、兵器を付与して戦力化していたほか、さまざまな異なるタイプの部隊が前線で防御をしたり、攻撃に転じたり、ドローンなどにより正確な目標情報を得てそれに応じた砲兵の火力が第一線部隊の行動に緊密に連携するなどして、多くの犠牲者を出しながらもしっかりと状況に適応して戦っていました。これらを総括すると、現在のウクライナ軍は「第三の波」にかなり近い作戦術的な軍隊になっていると言えます。

ミッションコマンドができてこそ「第三の波」の組織

「第三の波」で最も大事なのは分権化、すなわちミッションコマンドだと思います。これは単に**指揮官から部下に権限を分け与えればいいという話ではありません。**

ミッションコマンドは「指揮統制」とは別次元の概念です。

ミッションコマンドの概念は「指揮官から任務を受けた部下が、その達成のために委任された範囲内で、自主積極的に任務達成に邁進し続ける」というものです。つまり、**ミッションオリエンテッド（任務・目的遂行第一主義）**であって、各構成員である部下は自分で考えて行動する必要があります。

野球でたとえると、監督がサインを出して選手にプレーを命ずることが指揮統制です。一方、選手が主体的に自分たちで考えて行動するのがミッションコマンドです。

例えば、チャンスだと判断すればランナーとなった選手が独断で走る。バッターとランナーが選手同士で意思疎通してヒットエンドランを仕掛ける。あるいは、試合に限らず、毎日のトレーニングスケジュールも選手たちで考える──監督にその都度指示されなくても、その時々の状況に応じて選手が自分たちで考えて戦術を駆使し、「勝利」という戦略目標の達成を目指すというわけです。特に他のスポーツでいえば、例えばサッカーは、試合運びがスピーディーで、ミッションコマンド型のチームづくりこそが求められるスポーツであると言えるのではないでしょうか。

自らが組織（チーム）の「考える細胞」となり、起こる事象に対して受け身で対応するのではなく、**常に主導権を取り続ける考え方及び行動がミッションコマンド**なのです。

これが基礎にあるからこそ、分権化していても各自がバラバラに動くことなく、戦略目標の達成に向かってより効率的に進んでいける作戦術的な組織になります。このミッションコマンドができている組織が初めて「第三の波」の組織に変わっていくのです。ウクライナ軍はこれにかなり近づいていると私は感じます。

作戦術との出会いがパズルのピースを埋めた

そもそも私が作戦術の存在を知ったのは、1989年にアメリカの陸軍歩兵学校に留学した時のことです。当時教官から「戦術レベルの軍事行動を戦略と連動させて、戦略目標の達成を直接的に支援するよう、戦術と戦略の中間に作戦レベルを位置づけなければならない。戦略と戦術の間をつなぎ作戦レベルをコントロールするのが作戦術というアート（技能）である」と作戦術について教わりました。

私はその言葉に「私がひっかかっていたのは、これだ！」とカミナリに打たれたような感覚になりました。

今から思えば教官は教範（教科書：「FM100－5 OPERATIONS」1986年版）に書いてある内容をそのまま紹介しただけなのでしょうが、当時の私は「なるほど。これはすごい考え方に出会えたぞ」と感激し、欠けていたパズルのピースがピタッと埋まった気分になったことを覚えています。

というのも、私はそれ以前に自衛隊で戦略や戦術について学びながら「戦略と戦術だけでいいのか？　何かが足りない気がする」という疑問をずっと抱いていたからです。

日本の戦史を考察してもそう感じることが多く、例えば第二次世界大戦における真珠湾攻撃もそのひとつです。

当時の日本には「米国との戦争は長期戦になると絶対に負ける」と予想されていたため、真珠湾攻撃の目的は、国家レベルでは「短期決戦・早期講和」を目指すことにありました。そのため、その作戦を実行する海軍は「米国海軍太平洋艦隊の主力を撃破して、太平洋における海軍戦力バランスを日本に絶対的に優位にする（＝アメリカの早期講和を促す状況をつくる）」という意図で真珠湾攻撃を仕掛けるべきだったと思います。

しかし、実際に行われた真珠湾攻撃は、その空母機動艦隊の編成も、実施した作戦も、何か象徴的に「日本軍が真珠湾を攻撃した」という〝**実績づくり**〟になってしまっているように思えました。確かに真珠湾攻撃という作戦そのものは大成功でしたが、それが国家の目的にどのように寄与したかという視点で分析してみると大成功という評価には大いに疑問を抱きます。

アメリカの早期講和の申し出を促すためには、真珠湾に浮かぶ敵艦船の破壊のみならず、遊《ゆう》弋《よく》（艦船が水上を動き回って敵に備えること）していた米空母を捜索して損耗を与えることや、真珠湾周辺の石油備蓄基地などを破壊することによって、太平洋正面での米海軍の行動再開を困難にしておくことが必要でした。

しかし、実際に行われた攻撃では、その目的を果たすための第2撃を加えることなく、早々に引き上げてしまっています。

そもそものような準備や計画など存在しなかったとも言われていますが、それならば準備段階から真珠湾という地域目標への攻撃のみに集中し、**作戦が国家目的にどのように寄与するかをまったく考えていなかった**と評価せざるをえません。

また、当時の帝国陸軍は資源が枯渇することがないように南方資源の入手が必須でした。そうした南方資源の入手を妨害する米太平洋艦隊の弱化には真珠湾攻撃は絶好の作戦でしたが、それは陸軍が長期戦に備えるためのものであり、陸・海軍の戦争目的の不一致も疑問でした。実際、資源獲得のため、陸軍が北部仏印、南部仏印へと進駐することによって連合国との決戦の途《みち》を早めたとも思われます。そうした一連の行動を起こす前に、そもそも国家としての戦争設計は十分だったのかという疑問もあります（英米は可分か不可分かの議論は大いにあったと記録されていますが、「どうすれば英米を可分にできるか」の議論はあまり記録に残っていないように思われます）。

こうした当時の日本の戦史を紐解くと、**軍隊が上部機関である国家の目的に合致していない作戦行動をしていた**ように思え、納得がいかないと感じていたのです。

だから、米陸軍歩兵学校で教官から作戦術を教えてもらった時には、それがまさに**上位の目的や目標と、具体的な行動とをつなぐための思考のノウハウ**であり、それまで私が「何かが足りない」と違和感を覚えていた部分を埋めるものだと確信しました。

上級指揮官の育成で「公正公平な評価」より大切なものとは？

作戦術と出会ってからは、仕事やプライベートでも戦略・戦術をつなぐ作戦レベルを意識して生活するようになりました。

もっとも、現実には戦略・作戦・戦術の各レベルをそれほど明確に区分できるわけではないので、作戦レベルがあることを意識するとともに、作戦術の本質となる考え方、すなわち本書で述べているような「作戦術」思考を同時に身に付けることが重要でした。

常に目的を意識し、具体的な行動がその目的に沿っているのかを頭のなかでチェックするということを習慣化できるまでには数年から10年間近くを要したと記憶しています（行きつ戻りつがあったため）。

しかし、「作戦術」思考を意識的に工夫しながら継続してきたことで、10年後ぐらいには、自分の命令とその実行を監督・指導する際に、目的との関連を常に外さなくなってきたと自覚できるようになりました。

具体的な体験も紹介しておきます。

以前、陸上自衛隊には、旧軍で言うところの陸軍大学校に相当する「陸上自衛隊幹部学校」という教育機関がありました（2018年3月に組織改編により廃止）。私は2014年から2015年にかけて、その学校長を務めていたことがあります。

幹部学校の教育形態は、学校側が各種問題を出して、学生（幹部自衛官）に考えさせるというものでした。

その際、場合によっては学校側には、教育が任務である一方、学生の評価をして成績をつけるという任務もあるので、ついつい学生評価を公平公正にしなければいけないという意識が働き、採点を正確にできるような問題や答えを作成する傾向があるかもしれないと感じていました。この傾向は旧陸軍大学校でも存在していたと聞いています。

そこで、「作戦術」思考の出番です。陸上自衛隊の内部事情に関しては、あまり詳細を述べるわけにはいきませんが、「作戦術」思考とはどういうものかを理解していただくために可能な範囲で述べてみたいと思います。

この学校の学生教育はそもそも何のためにあるのかというと、「陸上自衛隊の上級指揮官となる人材を教育すること」です。

ならば、「上級指揮官とはどんな判断・決断・行動ができる人間であってほしいのか。どんな人格を持ってもらいたいのか」をまず考える必要があります。

そして、それをベースに、その「上級指揮官」に求められる能力や知識、人格の特質を明確にしていき、それらを鍛えるための問題を作成していかなければなりません。

その結果、「正確な採点が難しい問題」ができることもありますが、**優先されるべきは、「陸上自衛隊のニーズに基づく〝望ましい上級指揮官〟の育成」という全体最適**です。**「公平公正な学生評価」という個別最適の追求は、全体最適を阻害しない範囲でなされるべき**でしょう。

「公平公正な学生評価をしなければならない。そのために正確な採点ができる問題を作成する」というのは、学校側の都合によるものが大きく、陸上自衛隊という組織全体で見た場合には、**タスク中心・戦術中心の発想**だと言えます。

一方、「自衛隊のニーズに基づく上級指揮官を育成したい。正確な採点が難しくなろうとも、それにふさわしい問題を作成する」というのは、陸上自衛隊という組織全体で見た場合の「幹部学校での学生教育」の目的にマッチするものです。

作戦術との出会いがなければ、自分自身が前者のようなタスク中心型の発想から抜け出すのはなかなか難しかったかもしれません（実際、日本の学校教育や受験問題作成の大半は前者の発想で行われているのではないでしょうか）。

ちなみに、学生評価について、組織の将来のためには公平公正の評価よりも将来伸びる人財を見抜くことが重要です。その伸びる人財を見抜く方法は、教育を通じ結果的にわかったのですが、**新しい課題や答えのない問題に対して本人がチャレンジ精神を発揮してどれだけ考えることができているか**をみることでした。決して、奇をてらった回答をする人物のことではありません。

私個人の経験として、「作戦術」思考が自衛隊の一番の任務である防衛行動や訓練にも役立ったのは言うまでもありませんが、それに関しては諸般の事情で具体的な事例をあげることができないことを、ご理解いただければと思います。

作戦術と出会う前に経験した、チームビルディングの失敗

本章の最後にもうひとつ、個人的な「そもそも」の話をさせていただくと、私が本書で述べ

共通呼称			陸上自衛隊	海上自衛隊	航空自衛隊
幹部	将官	将	陸将	海将	空将
		将補	陸将補	海将補	空将補
	佐官	1佐	1等陸佐	1等海佐	1等空佐
		2佐	2等陸佐	2等海佐	2等空佐
		3佐	3等陸佐	3等海佐	3等空佐
	尉官	1尉	1等陸尉	1等海尉	1等空尉
		2尉	2等陸尉	2等海尉	2等空尉
		3尉	3等陸尉	3等海尉	3等空尉
准尉		准尉	准陸尉	准海尉	准空尉
曹士	曹	曹長	陸曹長	海曹長	空曹長
		1曹	1等陸曹	1等海曹	1等空曹
		2曹	2等陸曹	2等海曹	2等空曹
		3曹	3等陸曹	3等海曹	3等空曹
	士	士長	陸士長	海士長	空士長
		1士	1等陸士	1等海士	1等空士
		2士	2等陸士	2等海士	2等空士

自衛隊の16の階級

ているようなチームビルディングの理論や組織論を強く意識するようになったのは、作戦術と出会う前のある出来事がきっかけです。

私は1980年代後半、長野県の松本駐屯地に所在する第13普通科連隊でレンジャー教育隊の教官を4年ほど務めていました（内、主任教官3年）。20代後半の頃で、陸上自衛隊幹部に任官してから数年しか経っていない時期でした。

レンジャー教育隊は、集合訓練という形式で教育を行うためのアドホック（特定の訓練のために臨時編成される目的限定）な組織です。

教育する側として参加した隊員は、主任

教官である私の他に、各中隊（大隊と小隊の中間に位置する、約２００名の隊員からなる部隊）から選りすぐりのレンジャー徽章《きしょう》を持つ陸曹約20名。年齢は26歳くらいから45歳くらいまでで、私の部下になる者は全員年上でした。普段から顔を合わせていた隊員ではなく、教育隊を立ち上げてからお互いを知ることになったという間柄です。

一方、教育を受ける側の隊員は、年度により差がありましたが、希望者及び命令によって参加する1士から3曹までの20名から30名ほどでした。※3

主任教官になった最初の年は、張り切っていたこともあり何事もすべて自分ひとりで決めて、教育する側の陸曹20名に対してひとりずつ教育方針等を指示・指導をしていました。

※3　自衛隊には全部で16の階級（2士〜将）が定められています（84ページ図参照）。「幹部」は、3尉以上の自衛官のことで、部隊の骨幹として、強い責任感と実行力で部隊を指揮する立場にあり、卓越したリーダーシップが必要とされます。「曹」（3曹から曹長までの4階級）は、専門分野における技能を有するほか、「士」（士長から2士までの3階級）を直接指導し、幹部を補佐する立場にある者。士は、曹などの指揮下で各種の任務を直接遂行する立場にある者です。曹と士の人数を合計すると、自衛官の定員の約8割に及びます。曹の役割については、従来から、小部隊のリーダー及び専門分野に精通した技能を有するものであるとともに、士を直接指導し、幹部を補佐する部隊の基幹要員として位置づけられています。その資質・能力は部隊の精強性等に大きな影響を与えます。さらに、任務の多様化、装備の高度化に伴い、より高い専門性が要求されることから、曹としての任務遂行に必要とされる高い能力が求められています。（参考：防衛省ＨＰ）

しかし、そのやり方で一人ひとりに指示しても、自分の意志を組織全体にはうまく徹底できず、組織としてのまとまりを感じることもありませんでした。全体的にチームワークがなく、常にバラバラだったという記憶があります。

その時は自分で理解できていなかったのですが、経験の浅い若手の幹部の私がベテランの陸曹（それぞれレンジャー教育の経験が2～10年以上あり、日本アルプスでも行動する山岳レンジャー隊員だった）に対して上滑りな指導をしてしまい、ベテラン陸曹の自尊心をも傷つけていたのだと思います。主任教官として全体的な方向性を示すこともできていませんでした。はっきり言ってしまえば、主任教官として失格であり組織づくりに〝失敗〟してしまっていたのです。

より小さな努力でより成果をあげられる組織へ

翌年は前年の失敗を反省し、なぜ自分の意志が組織に徹底できなかったのかを考えてみることから始めました。

そして、自分ひとりで約20名の陸曹に個別に指導するやり方を変えてみました。

すなわち、私から見て「中間管理職」の適性があり、階級も陸曹の上位（2曹～1曹）にある者を3名選出して「副主任＝先任助教」（助教：教官の補助者としての位置づけ）のようなポジションに任命し、残りの約17名の陸曹を副主任3名の下に5～6名ずつ「助教」として配置する3個編成の教育チームにしたのです。

そして、全体ミーティングの前には必ずその3名の副主任と打ち合わせを行い、私の考えを伝えた上で意見交換を行い、**私の考えが中間管理職である彼らを通して教育チーム全体に浸透することを心がけました。**

また、全体ミーティングでは、私は全体の方向性を伝えることに焦点を置き、具体的な実行要領は各助教に直接言うのではなく、彼らの直属の上司となる副主任から指導徹底してもらうようにしたのです。

すると、まず**副主任の3名が「ミッションコマンド型の部下」へと〝脱皮〟しました。中間管理職としての責任感と指導役という任務を与えたことが、彼らの自主積極性を引き出すきっかけになった**のでしょう。

また、彼らの部下となった助教たちも、少人数制チームで上司の指導が徹底されやすい環境になったこと、および チーム内で意見交換が頻繁に行われるようになったこと、などから結果的に上司の意図を理解して動ける「ミッションコマンド型の部下」へと〝脱皮〟していったのです。

私は私で、直接指導する人数が約20名から3名に減ったことから時間的にも精神的にもゆとりが生まれ、じっくりと組織全体を把握して、主任教官として全体の方向性を考える余裕ができました。

この若い頃の経験で学んだことは、**「より小さな努力で、より成果を得られる組織」をつくっていくことの重要性**です。

当時は個人の経験に基づく「暗黙知」でしたが、その後さまざまな経験や学習を通じて自分なりにチームビルディングのノウハウを言葉で理論的に語れる「形式知」にしていくことができました。

レンジャー教育隊の教官を卒業した翌年、アメリカに留学し、米国陸軍歩兵学校で作戦術と出会ったことは、組織づくりを理論的に考えることとなった重要かつ大きなきっかけのひとつです。ただ、それ以前に自分なりにチームビルディングや組織のあり方について、必死になって頭を悩ませていた経験があったからこそ、作戦術に出会った時にすぐに腑《ふ》に落ちる感覚になったのだと思います。

第 3 章

「理想のチーム」に求められるリーダーシップ

「作戦術」思考で「理想のチーム」へ

前章までの内容で、作戦術がどういうものであるかをみなさんにある程度お伝えできたかと思います。純軍事的な技術である作戦術そのものはみなさんの日常生活に直接は必要ないでしょうが、そのベースになっている考え方（＝「作戦術」思考）や視点は、組織運営やチームビルディング、戦略的な意思決定、自主積極性の発揮（ミッションコマンド）、リーダーシップ（立場によってはフォロワーシップ）の発揮など、さまざまな場面で役に立つはずです。

この章では、本章のタイトルにもある「理想のチーム」をどのように「作戦術」思考で実現していくかについて述べていきます。

「チーム」という名称がしっくりこなければ、もちろん「理想の組織」と読み替えていただいてもかまいません。本書ではこれまでも厳密には区別してきませんでしたが、「組織」は比較的所属人数が多く、「チーム」は比較的少数のイメージで使っています。例えば企業の場合だと、会社全体は「組織」、各部署やプロジェクト的な集まりは「チーム」というニュアンスです。「作戦術」思考そのものはどちらでも有効なので、みなさんがそれぞれ置かれている立場に応じて「組織」でも「チーム」でもご自由に読み替えていただければと思います。

そもそも何をもって「理想のチーム」とするかは人それぞれでしょうが、本章での定義は**「全体最適が達成されるチーム」**です。

ただ、そこにもうひとつ付け加えるなら、**チームの一人ひとりが自主積極的に動けるミッションコマンド型の「第三の波」に移行しているほうがより「理想的」**です。

ワンマンタイプの「第一の波」や決定権が複雑な「第二の波」で全体最適化するよりも、やはり「第三の波」でそれをしたほうが、「より小さな努力でより大きな成果を生み出すことができるチーム」になれるからです。

実際、大きな成果をあげている企業やスポーツチームはミッションコマンド型の「第三の波」で組織運営されていることが多く、**作戦術の存在そのものを知らなくても、「作戦術」思考が実践できている**印象を受けます。

全体最適達成のためには「がんばるな！」「気を利かせるな！」

作戦術の話を人にした際によく聞かれるのが「どうすれば全体最適は達成できるのですか？」という質問です。

もっともな疑問だとは思いますが、残念ながら**「全体最適のためにはこれをすればいい」という決まったマニュアルやフォーマットはありません。**

ただし、「これをすればいい」はなくても「これはしないほうがいい」ならあります。

なかでも特に日本の組織にあてはまるのが、**「がんばってはいけない」**と**「気を利かせてはいけない」**です。

これまで私はリーダーとしてチームビルディングをする際、フォロワー（部下）に対して「がんばるな！」「気を利かせるな！」とたびたび言ってきました。言葉の響きが誤解を生みそうですが、これは「サボってもいい」という意味ではありません。

「自分の能力の限界を超えるような仕事をしてはいけない。自分の役割以外の仕事（権限のない仕事）もしてはいけない。自分の能力と与えられた役割の範囲内でしっかりと仕事をしてくれ。その際には全体の方向性と自分の仕事とをマッチングさせよ」という意味合いです（そもそも頑張ろうとすると肩に力が入り力んでしまいパフォーマンスは低下します。リラックスこそがベストなパフォーマンスを生み出します）。

リーダーとして私がすべきことはチームの全体最適化であり、そのためにはフォロワーたちの能力と役割を十分に考慮しながら、戦略目標に到達するための戦力配分を考えなければなりません。

そうした戦力配分は微妙なバランスの上に成り立っていることが多く、**がんばって能力以上の仕事をしようとして無理をしたり、気を利かせて他人がやるべき仕事にも手を出したりするフォロワーがひとりでも出てくると、全体最適が崩れてしまいかねない**のです。

例えば、フォロワーのひとりががんばって能力のキャパシティオーバーのことをしてしまい、自分のやるべき仕事が破綻してしまった場合、どこかでその損失をリカバリーするための労力が必要となり、**チーム全体に負担**がかかってしまいます。

このような形でチームの全体最適が崩れるケースはビジネスの世界でもスポーツの世界でも日常的によく見かけます。

軍事の世界では、1870~1871年の普仏戦争後、フランスに勝利してドイツ統一を果たしたプロシア軍において、モルトケ参謀長によって新たな人事施策が出されました。

統一するまでの間は、出世の順番として何よりもまず「やる気のある将校」、「積極的に仕事をする将校」優先でした。

ところが、統一後は、「それいけどんどん」タイプでは、軍縮しなければならない軍組織の全体最適が達成できなくなります。

そこで、出世の順番を①「やる気がなく」頭が良い将校、②「やる気がなく」頭の切れが劣る将校、③「やる気があって」頭の切れが劣る将校、最後が④「やる気があって」頭が良い将校、に切り替えたと言われています。

ここでいう「やる気がある将校」とは、ある意味、自分の欲望、例えば出世欲や名誉欲が強い人間です。特に**頭が良く個人の出世欲が強い人材は、個人プレーや見せかけのパフォーマンスに走りやすく、結果まで出してしまうために、軍全体のバランスを崩してしまう**との危機感がありました。

一方、「やる気がない将校」とは自分の出世欲などよりも組織マインド（組織全体のことを優先して考える）を持つ人物のことを指していると思われます。

このように、統一後には個別最適を強く推し進める人材に対する警戒感があったとともに、全体最適達成のために組織マインドのある人材を強く求めたのだと言えるでしょう。

個別の「がんばり」が全体最適を崩す

この話をわかりやすくするために、私がある自動車工場で研修した体験をもとにフィクションとして考えた全体最適化の事例を使って説明します。

〈自動車の製造工程における全体最適〉

乗用車の組み立て工場のベルトコンベアに沿って、各セクションが配置され、車軸、車体、タイヤ、シート、ドア、その他ミラーやハンドル等を受け持っているとする。

一日の生産台数を100台とした時には、順調にベルトコンベアが動き、各セクションは順調に作業をしている。

そこへ、車体部分の組み立てを担当するセクションだけが、一日120台の製造を目指そうとして、当該セクションが担当する部品（車体のパーツ）を120台分、当日使うための専用倉庫に搬入するとどうなるか？

↓

その倉庫の他パーツ用のスペースが車体パーツの増加分だけ狭くなるため、タイヤや座席など他のセクションの部品が必要数以下しか搬入できなくなる。つまり80台分、もしくは60台分の部品しか搬入できないかもしれない。その結果、一日に製造できる車の生産台数は、最も少ない部品数である80台もしくは60台になってしまう。

このように**全体最適のシステムのなかで、個別最適を独自に進めると、全体最適は低下**してしまいます。

全体最適を担当する管理者（リーダー）は、製造台数目標を適切に管理することが必要であり、一日の製造台数を１２０台にするのであれば、部品の集積要領を変更する、例えば新たな集積場所を確保するなどの措置が必要です。

また、その前に部品納入の下請け工場には、あらかじめ１２０台分の納入数と、納入時期を明示して、厳守させる必要があります。

さらに、１００台から１２０台へと一日の製造台数を増やすためには、各セクションが無理なく稼働するように、昼休みや就業時間を短縮して作業時間を増やしたり、ベルトコンベアの速度を可能な範囲内で速めたりする一方で、従業員の負担増に応じた休憩の与え方を見直すなど、さまざまなマネージメントが必要となるでしょう。

なお、この事例で述べているのは**「場所の限界による全体最適の低下」**ですが、**「時間の限界による全体最適の低下」**のケースも考えられます。

仮に、リーダーに対して「製造台数増加に伴う問題点」などについて5個のセクショ
況報告する場合、全体で50分しか使える時間がなく均等に10分ずつを割り当て

ず、特定のセクションが30分を使ってしまったとしたらどうなるでしょうか？

リーダーが判断するために必要な情報が偏って提供されてしまい、全体最適を達成する判断ができなくなるかもしれません。

言うまでもなく、この自動車工場の事例は、説明をわかりやすくするためにやや極端な設定にしています。あくまでもフィクションですが、イメージは湧きやすいと思います。

現実世界においては、全体の管理者（工場長、リーダー）の判断を仰ぐことなしに各セクションの担当者が勝手に増産をするというのはおそらくあり得ないでしょう。会社から各セクション担当者に増産・減産の決定権が付与されているのならばともかく、大抵の場合それはリーダーに属する権限のはずです。

しかし、工場のように物理的に数字が目に見える組織運営とは異なり、**損失が数字で計れないようなケースでは、実は意外と日常的に、こうしたリーダーの権限の〝簒奪《さんだつ》〟が行われています。**

これは欧米社会ではあまり起こらない、日本社会特有の現象ではないかと思われます。

知らず識らずのうちにリーダーの権限を〝簒奪〟しているフォロワーたち

日本の会社では、身近にいるフォロワーがリーダーの権限（決定権）を〝簒奪〟しているケースが日常的に見受けられます。例えば、社外の人間から「リーダーに面会したい」とアポイントメントの電話があった場合などです。その電話を受けた担当者が「その時間は社内会議があるので」とリーダーとの面会を断ってしまうようなケースはないでしょうか。

おそらくみなさんも一度は見聞きしたような話だと思います。

その人との面会をとるか、社内会議をとるかの決定権は本来リーダーにあります。

実際、私がとある会社のリーダーに挨拶のためのアポイントを取ろうとした際、電話を受けた担当の方から「その時間は会議（または○○部署の報告時間）です。申し訳ありませんが面会はお受けできません。」と即座に断わられたことがありました。

しかし、**本来は、会議（あるいは部下の報告）を選ぶか、部外からの面会を受けるかの決定権はアポイントを申し込んだ相手先のリーダーにあるはずです。**

にもかかわらず、電話を受けた担当者が当然であるかのように判断して決定を下して、さらには回答までしていたのです。しかし、こうした担当者も最初からこのような行動をとっていたのではなく、仕事をするうちに、徐々に自分の動ける範囲を拡大して、そのうちにリーダーの決定権にまで拡大してしまうのです。そのため、リーダーとしては気がついていたけど「今さら指導しづらいなあ、本人は一生懸命真面目にやっているし……」ということになったのではないでしょうか。

本来であれば、どれほど仕事に習熟しようとも、担当者は必ず「上の意見を聞いてからお答えするので、お電話番号をください」と対応し、リーダーには「先方はこの時間に面会を希望されていますが、会議の時間と重なっています。どうしますか?」と確認すべきだったでしょう。リーダーはリーダーで、このようなことが起こらないように担当者を教育しておくべきだったでしょう。この点では、私も部外の視点からの担当者教育が不十分だったなあ、と大いに反省しつつこの章を書いています。

真面目で優秀なフォロワーほどリーダーの権限を奪いがち

また、当時私が指揮官として何かの認定をする際にも似たようなことがありました。

決裁権者である私のもとに上がってくる報告は、その担当部署が認定上申する案件だけに限られ、**担当レベルで「却下」された案件は、（決裁権者であるはずの）私のもとにまったく上がってこなかった**のです。

その判断に疑問の余地がまったくないものであれば報告は不要ですが、判断の難しい案件であっても、担当部署が「却下」した場合には、私のもとに「却下した」との報告は上がってきませんでした。

ある時、たまたま私が「却下」された案件を小耳に挟んだことによって、その案件について担当部署の判断を再考してもらったことがあります。担当部署では当初「過去の例と同様の案件であり、当該案件のみを特別扱いして認定するべきでない」と判断したそうです。しかし、起きた状況事態は過去の例と同様に見えるものの、実際には過去の例とは事態発生時の前提条件が異なっていたために認定するべき案件でした。判断を再考したことにより、事態に関係していた隊員は、無事に権利を回復することができました。もともとは、指揮官である私がしっかりと教育を事前に行き届かせていればよかった問題ではありますが、ここでは「作戦術」思考によるチームビルディングをより理解してもらうために、自分の恥を忍んでご紹介しています。

こうした特に専門的な判断を行うスタッフは、**意識的にリーダーの決定権を〝簒奪〟するつ**

もりは微塵《みじん》もなく、むしろ真面目に、一生懸命に、仕事をしているのです。

一般的にはフォロワーとして「優秀」と見なされるタイプの人たちが「気を利かせた」結果として、こうした事態が起こっていると言えます。つまり、自己の業務遂行に集中し過ぎて、本来は誰が決定するべきものであるのかについて思いを致すことなく、**「これは自分が担当する案件であり、わざわざリーダーの手を煩わせるのは避けるべきだ」と「気を利かせている」ケースがほとんど**なのです。

「それで何が困るんだ？　気を利かせてくれるフォロワーがいるのは良いことではないか？」という声も聞こえてきそうですが、先ほども述べた通り、全体最適を考えるリーダーにとっては、チームが使用できる資源（人、物、金、時間、場所、人間関係ネットワークなど）が、勝手にフォロワーによって取り崩されたら、全体最適化が難しくなる可能性があります。

フォロワーの個人的判断によって報告時期が遅れたために指揮官として決断するべきタイミングを失したり、フォロワーが気を利かせてリーダーに言わずにアドバイス的な指示を該当部署にしたためにその部署が気を利かせ過ぎて物や装備品などを移動させていたり、その結果、該当部署のメンバーの働ける時間が少なくなったりなど、チームとして最大限の効果を得ることができなくなるかもしれないのです。

こうした問題点は、資本主義の基本的な精神、つまり所有権がはっきりしている資本を元手に、最小限の労力で最大限の効果を得るという精神が日本人に欠如していることも原因のひとつだと考えられます。その根本をたどれば、**学校教育の段階で子供たちに民主主義や資本主義の基礎を学ばせていないという日本の構造的な問題**に行き着くのですが、それについてはまた章をあらためて述べたいと思います。

部下が上司の決定権を奪うのは犯罪行為

上司の決定権を簒奪するという行為は、実は**欧米社会では〝犯罪行為〟**にも該当します。これは欧米社会において民主主義・資本主義の精神が社会の土台になっているからこそそのことであり、日本社会ではこの種の行為が犯罪であるという認識はまずありません。むしろ「真面目」で「優秀」な部下が「気を利かせてくれた」結果として「上司の決定権簒奪」が起こったとしても、気を利かせてくれた部下を褒めこそすれ、その部下を叱責しづらい状況にあります。

たとえ叱責したとても、部下は上司から叱られた理由がわからず、チーム内の不満だけが高まる結果になるかもしれません。実は私にも叱られた理由がわからなかった経験があります。

また、困ったことに、日本型組織の上司のなかには、部下に対して「もっと気を利かせろ」「そんなこと、俺にいちいち確認とるな」と叱る人までいます。そういう上司が少なからず各組織にいることから、部下も「こんなものをいちいち上にあげて上司に迷惑をかけちゃいけない」という意識になってしまい、(実は上司の決定権を簒奪してしまっているけれど)「気を利かせられる部下＝優秀な部下」という認識がその組織に、もしくはそもそも日本社会全体に広がってしまっているのではないかと思います。

ミッションコマンドに必要な環境を整える

ここまで読んでこられて「これまでの説明では、ミッションコマンドはフォロワーが自主積極的に動くものだったのでは？『気を利かせるな』『がんばるな』では、命令待ちの受け身で消極的なフォロワーになってしまい、ミッションコマンドなんて成り立たないのではないか？」と思われた方もいるかもしれません。

誤解していただきたくないのは、私の言う**「気を利かせるな」「がんばるな」**は決してフォ

ロワー（部下）たちに消極的な行動を推奨しているわけではない、ということです。

「余計なことはせず、何も考えずに俺の命令通りに手足のごとく動け」ではミッションコマンドとはほど遠い「第一の波」や「第二の波」の組織になってしまいます。

そうではなくて、**「君にはここまでの権限を与えるから、その範囲内のことは決定していい。それ以外のことは俺に確認しろ」という仕組みと、組織マインドのある積極的に動く人財をつくるべき**だということです。

自分の権限と責任の範囲内を守りつつ、全体最適を意識して、その範囲内での業務の質を高めてより良く全体に寄与するべく自主積極的に遂行する――それが「第三の波」の組織におけるミッションコマンドです。

各自の権限の境界線を明確にした上で、戦略に基づいてチーム全体の目線を統一する必要があります。それを「形式知化」し、チーム内の共通認識として「組織知」にしていくことによって、初めてミッションコマンドの成り立つ環境が整うのです。

「三苦の1ミリ」はファインプレーではない

これも誤解されやすいのですが、「がんばるな」「気を利かせるな」と言っても、普段のトレーニングによって、**がんばれる範囲や気を利かせられる範囲を広げておく（個別最適を高める）ことを否定しているわけではありません。**

例えばチームスポーツの場合、日頃の練習を通じて、個人のキャパシティを最大限に広げておくのは当然です。しかし、試合当日に本人のキャパシティ以上のことを期待してはいけません。

つまり、上司も部下自身も、**業務を遂行するにあたっては、本来のキャパシティ以上の実力を求めるようなことをしてはいけない**、ということです。つまり、イチかバチかの博打《ばくち》的な偶然のがんばりをチーム員に課してはいけないということを述べているのです。「第三の波」の組織のメンバーには、戦略と、自分の権限と、自分ができる能力的なキャパシティの範囲内で、自主積極的に業務を遂行することが求められます。

2022年ワールドカップの日本対スペイン戦における、いわゆる「三苦《みとま》の1ミリ」による得点にしても、日本代表の運動能力の範囲内のプレーだったと思います。マグレとはとても見えない見事なラストパスであり、そこにタイミングよく走り込んできた選手との完璧なまでの組織プレーであると私には映りました。つまり、彼らの能力のキャパシティを超えて「がんばった」結果ではなく、彼らが本来持っている実力を発揮した結果だったと私には思われるのです。

つまり、日本代表は、自らの能力の限界を超えた「ファインプレー」でドイツやスペインという強豪に勝ったわけではなくて、彼らが日頃の練習で鍛えていた能力を発揮した結果による必然の勝利だと思います。

チームプレーでは**個人に能力以上のがんばりをさせてしまうとミスを誘発**してしまいます。場合によっては、それですべてが台なしになってしまうこともあるでしょう。

スポーツの世界では「良いチームやうまい選手ほどファインプレーが少ない」とよく言われますが、その通りだと思います。

ファインプレーは、確かに見た目は派手ですが、選手たちの動きをよく見ると、実は想定外の事態に対処せざるを得ない状況だったり、能力（攻撃・守備範囲）を超えたことをせざるを得ない状況に追い込まれていたりしている場面でのプレーであると思います。

そもそも本来は**「自分の能力を超えていたけど、偶然うまくいった」という状況をつくってはいけない**のです。

それは一種のギャンブルのようなものなので、次回も同じような状況下でうまくいくとは限りません。また、**自分でどうしてうまくできたのかがわからないようでは、今後の成長にもつながりません。**チーム員が再現できる能力を身に付けてくれていることでリーダーはそれを計算に入れてチームリーディングができますが、**再現できないファインプレーは偶然の産物であり、リーダーにとっては計算に組み込むことはできない**のです。

あくまでも能力の範囲内で能力を引き出して全体最適を達成できるチームをつくらないと、再現性がなく、継続した成長も見込めないのです。

大切なのは「工夫」と「継続」

ただ、いきなり「がんばるな」「気を利かせるな」と言われても、これまでがんばることや気を利かせることで評価されてきた人たちからすると、何をすればいいのかわからなくなるかもしれません。

だから、私は「がんばるな」「気を利かせるな」とセットで**「工夫しろ」「継続しろ」**という言葉をよく使います。これはつまり、**チームの一員として全体最適に寄与する個別最適を高める「工夫」を怠らず、それを「継続」すべきだ**という意味です。

先ほども述べた通り、「がんばるな」「気を利かせるな」は、普段のトレーニングによって自分のキャパシティを広げておくことを否定するものではなく、逆に推奨するものです（日本社会における「がんばる」「気を利かせる」が往々にして組織の全体最適を妨げていたり、リーダーの権限の簒奪につながったりしているという問題点を指摘しているだけです）。

むしろ**戦術レベルの話に限れば、個別最適の追求、一任務の完遂こそ目指すべきもの**です。戦術レベルの任務（個人の業務）を滞《とどこお》りなく遂行するためにも、個人の能力のキャパシティを広げることは大いに推奨されるべきものです。

例えば、F1の世界では、マシンに取り付けたセンサーから数万におよぶ細かいデータを取り出し、ピットインの作業やエンジンの動作などに関する改善すべきポイントを明確にし、それらがミリ単位、コンマ数秒単位で改善されるよう工夫していると言います。そうした戦術レベルの工夫の継続が「チームの勝利」という戦略レベルの目標につながっているのです。

このように小さな改善を積み重ねて目標の達成につなげていくアプローチは「マージナル・ゲイン」と呼ばれ、スポーツに限らず、ビジネスの世界や国際支援活動の現場（より効果の高い支援方法の追究など）においても活用されています。

私の言う「工夫しろ」「継続しろ」も、この「マージナル・ゲイン」のような努力の方向性だとご理解ください。

とにかく、自分の限界・権限を超える方向に「がんばる」「気を利かせる」のではなく、**より効率的に、より端的に、自分のできる範囲を広げる「工夫」をして、それを「継続」していく**ことのほうが、チームにとっても、自分にとっても大切なのです。

フォロワーもリーダーシップを学んだほうがよい理由

言うまでもないことですが、「理想のチーム」が実現できるかどうかは、リーダーのものの考え方や振る舞い、すなわちリーダーシップの発揮の仕方にも左右されます。

「自分はリーダーという柄じゃないから、別にリーダーシップを学ぶ必要なんてないよ」と思われる方もいるかもしれませんが、そんなことはありません。リーダーシップを学ぶことは良きフォロワーシップ（チームの全体最適化に寄与する、自主積極的なリーダーへの働きかけや支援）を学ぶことにもつながります。

また、たとえ今はリーダーの立場にいなくても、チームや組織で活動していると、状況次第で何かしらのリーダーシップを発揮する機会がめぐってくることはよくあります。そもそも

リーダーシップとはリーダーにだけ求められるものではなく、組織の全員が持つべきもので、組織員をお互いに前向きに気持ちよく動かす動力源のことなのです。同僚同士を動かす、場合によっては部下が上司を動かすこともあります。これもリーダーシップなのです。ポストの威力を使って人を動かすこととは別次元の概念にあるのがリーダーシップなのです。

「第三の波」の組織は、従来の日本型の組織のように、一握りの優れた個人が暗黙知（勘と経験）で組織全体を動かすような形態ではありません。一人ひとりが「考える細胞」となり、ミッションコマンドで全体最適を達成していくという形態です。

ミッションコマンドが有効に機能するには、**リーダーがフォロワーの業務内容を十分に把握するとともに、フォロワー側もリーダーの意図を十分に理解して業務を遂行する**必要があります。ひいては、**チーム内の誰もがいつ何時でもリーダーの代わりを務められるような準備（教育）も本来は普段からなされているべき**だと思います。

実際、私も指揮官になる前のフォロワーだった頃、「作戦術」思考を使って上司の指揮官（リーダー）たちの仕事を**「自分があの立場にいたらどうするか」という視点で観察**し続けていました。そうして常に頭のなかで「指揮官になった時の自分」の仕事をシミュレーションしていたわけです。その結果、自分なりの仕事の〝引き出し〟を充実させることができたので、いざ指揮官になってからも、あわてることなく対応できた場面が多かったという実感があります。

フォロワーの時期からリーダーシップについて学んでおくことを、私自身の経験からも強くお勧めします。上司の立場に自分をおいて学ぶやり方は、現実のケーススタディなので、結果も確認できます。そのリーダーとは違う決断をしていた場合は結果を確認できませんが、その場合には頭のなかで結果にいたるシミュレーションを行いますので、シミュレーション能力も養うことができると思います。タダでできる格好のケーススタディではないでしょうか。

「リーダーとは何か？」を考える

「リーダー」というものに関して、もう少し個人的な体験を述べさせてください。

高校を卒業後、18歳で防衛大学校に入校してからというもの、私（と同級生たち）は、ことあるごとに教官の方々から異口同音にこう言われ続けてきました。

「君たちは将来幹部自衛官となり、指揮官となる。指揮官としての素養をしっかりと身に付けなさい」

高校時代には、「指揮官」という言葉を日常で耳にする機会もなく、「指揮官とは何か？」など、考えたこともありません。「指揮官」よりは耳なじみのあった「リーダー」と言い換えてもそれは同じです。「リーダーとは何か？」など、防衛大学校に入学する前の私は、考えたこともありませんでした。

「リーダーとは何をする者なのか？」

これが、防衛大学校で学ぶにあたって、最優先で考えるべき自分の課題となりました。

1年生の頃には、分隊行進訓練で列員になったり、号令をかける分隊長をやらせてもらったりしました。ちなみに、この訓練は、民間企業の方々が自衛隊に体験入隊された際に必ず行っていただく定番訓練です。

陸上自衛隊の分隊長というのは、10名程度の小部隊のリーダーであり、この訓練では「右へならえ」「右向け右」「前へ進め」「右に向きを変え進め」「縦隊右へ進め」「足踏み進め」「分隊止まれ」などの号令をかけて、分隊を動かします。

初めて分隊長をやらせてもらった時、私は「リーダーっていうのは号令をかける係なのか。リーダー自身はあまり動かなくてもよいから、意外と楽な仕事だな」と浅はかにも思っていました。

特に強制しなくても、分隊のみんなは私の号令通りに動いてくれます。そのため、「リーダーには強烈な強制力が必要だとなんとなくイメージしていたけど、そうでもないんだな」とも思ってしまいました。

しかし、次に分隊のなかに列員として入り、リーダーの号令を聞いたときに、それまでの考えが変わりました。

つまり、**フォロワーになって初めてリーダーの役割やその良し悪しの基準を理解できた**のです。

分隊行進で動く時には、各分隊員は左足から動きます。ということは、リーダーが分隊員にどのタイミングで号令をかけるか（左足が地面に着く瞬間か、右足が地面につく瞬間か、どちらか片方の足が空中にある時か）によって、分隊員側からすると、動きやすさが全然違ってくるのです。

例えば、「右に向きを変え進め」という号令を出す場合、あらかじめ「右に向きを変え〜」と長めの予備号令を出して、分隊員に次の行動を理解させ心と身体の準備をさせてから、分隊員の左足が地面につく瞬間に「進め！」と短く明瞭に命令すると、分隊員は動きやすくなります。それにより、分隊全体の動きも揃いやすくなるのです。

一方、片方の足が空中にある時に号令を出されると、分隊員側は動作のタイミングが取りにくくなり、隊の動きも不揃いになりやすくなります。

こうして私は、分隊長としてのリーダーシップと分隊員としてのフォロワーシップとを続けて経験したことにより、リーダーは、フォロワーが動きやすい時を狙って号令しなければならないこと、そして、その直前には予備命令を出して、フォロワーに対して次の動作のために心と身体の準備をさせなければならないことに気づきました。

フォロワーの気持ちを考えることの大切さや、号令とはどうあるべきか（どうすればフォロワーにとって聞きやすく、動きやすい号令になるか）など、単純に見えた分隊行進訓練には、実は「リーダーの基本」を学ぶ要素がぎっしり詰まっていたのです。

リーダーには、フォロワーをトレーニングによって強化するなど指導者としての側面もありますが、やはり必要な時に必要な決断と行動をして、フォロワーを導くことこそが「リーダーの本質的な役割」なのだと強烈に認識できた体験学習でした。

リーダーの「心のありよう」はすぐフォロワーに見抜かれる

リーダーは「心のありよう」についても注意を払う必要があります。

心は「見えないもの」だと思われているので、人はついつい「心のありよう」について手を抜きがちになってしまいます。

しかし、**人の心というのは、意外と目に見えてしまう**ものです。

穏やかな人か、妬みの強い人か、利己心の強い人か、思いやりのある人か、など、その人の「心のありよう」は、目の光りや表情、ちょっとした仕草などに〝形〟として表れています。

リーダーというのは、常にフォロワーから見られている存在です。**フォロワーはリーダーが想像している以上にリーダーのことをよく観察しており、その「心のありよう」を見抜いています。**これは私の印象で述べているわけではありません。

「ランチェスターの法則」というものをご存じでしょうか？

戦闘による航空機の損耗、また人員や装備の減少を数理モデルで示した法則で、1914年にイギリスの技術者フレデリック・ランチェスターが発表しました。同法則には、刀や槍などを使って真正面の敵しか攻撃できない前近代的な戦闘に関する「第一法則」と、銃や大砲、マシンガン、ミサイル、戦闘機などを用いて戦う近代的な戦闘に関する「第二法則」があります。

まずは要点を説明すると、同法則では、武器の性能が同じであれば、

第一法則：一対一の戦いが前提となる前近代的な戦闘では、兵力数の多いほうが単純に兵力

差の分だけ有利になる。勝者側の兵力の損耗は敗者側の兵力の損耗数と等しくなる。

第二法則：兵器の発達により一対多が可能となった近代的な戦闘では、双方の兵力を２乗した兵力差の分だけ、（つまりは圧倒的に）兵力数の多いほうが有利になる。

とされています。ようするにどちらの場合も、質が同じであれば**兵力数の多いほうが必ず勝利する**わけです。

言葉だけの説明ではわかりにくいので、具体的な数字（できるだけ少ない数字）を使って説明します。

槍を持つ３人の味方部隊が、同じく槍を持つ１人の敵部隊と戦った場合、技量が同じであれば、味方部隊の１人が敵１人と相打ちとなり、味方の残りは２人となります。敵味方とも損耗する人数は同数であり、人数差の分だけ結果に差が出ます（第一法則）。

一方、武器が鉄砲の場合はどうでしょうか。射撃の技量は同じとして、味方は３人の小銃手、敵は１人の小銃手とします。銃は遠くまで撃てますので、敵の１人は味方側の小銃手３人に１発ずつ合計３発射撃して３人を倒そうとします。小銃の性能が敵味方同じであれば、味方側の小銃手は敵が3発射撃する間に同じように3発ずつ、合計9発射撃が可能となります。敵の小銃弾は味方に対して各1発ずつしか向かってきません。それに対して、味方3人から敵1人に対する弾数は9発となります。1:9の差となります。つまり、人数の2乗に比例します（第二法則）。

さて、前置きが長くなってしまいましたが、**リーダーとフォロワーの関係においては、数の多いほうが圧倒的に有利な「第二法則」が成立**します。なぜなら、視線や言葉は小銃弾と同じように全員に対して指向可能だからです。

ということは、リーダー1人に対してフォロワーが3人いれば、ランチェスターの第二法則により、リーダーからの声かけが3人にそれぞれ一回行われた場合、部下は合計で9回、リーダーの声かけや態度を観察することになります。一方、リーダーから各部下に対してのやりとりは1回ずつにとどまります。つまり、**リーダーは、フォロワーより9倍もその言動を観察される機会が多くなる**ことになり、それだけフォロワーたちに「心のありよう」を見抜かれやすくなるというわけです（そもそもフォロワーのリーダーに対する関心は高いと思いますが、ここではその関心度は同じとします）。

学校の教室でも成立していた「ランチェスターの第二法則」

あるいは、みなさんの子供時代を思い出していただけると、リーダーの「心のありよう」が意外と見抜かれやすいということが感覚的にわかるかもしれません。

学校の先生の（人間性や考え方なども含めた）「心のありよう」は、まだ幼い子供たちであっても意外と的確に見抜いていたのではないでしょうか？

これもランチェスターの第二法則に基づけば、ある意味当然の話です。

1クラス30人の教室を仮定すると、1対30は第二法則によりそれぞれ2乗されて**1対900**になります。

つまり、1人の先生が30人の子供たちをそれぞれ1回ずつ見ている間に、ランチェスターの第二法則により、子供たちは合計900回先生を見ている計算になるのです。

この圧倒的な「観察回数」の差に加えて、子供たち同士が休み時間や登下校などを通じて先生についての情報を交換しており、さらには参観日に親御さんたちも先生についての情報交換を行っていると仮定すると、3乗に比例する「ランチェスターの第三法則（筆者造語）」が成立するのではないかと思えるほど、先生側と子供側とでは情報量に圧倒的な差が生まれます。

だから、先生がどういう人間であるかはすぐに子供たちや親御さんたちに〝見抜かれて〟しまうわけです。

オンライン会議の活用は「第三の波」のチームリーダーに必須のスキル!?

リーダーとフォロワーの話に戻すと、一般的に組織というのはリーダーに相対して機能します。だから、**あまり直属のフォロワーが増え過ぎると、組織としてうまく機能しにくくなる**わけです。前章で紹介した私のレンジャー教育隊の事例（当初はリーダーの私ひとりに対して直属のフォロワーが20人もいたことからチームとしてうまく機能しなかった）を思い出してください。「中間管理職」が必要になるのはそういう時です。

ただ、今日では**オンライン会議などを有効活用すれば、リーダーはより効果的なチームビルディングができるようになる**と思います。

私の見たところ、オンラインの環境下では、部下同士が孤立して横の連携がない状態になるので、**リーダーとフォロワーがわりと1対1の状況になりやすい**ように思えます。これはランチェスターの第一法則に近い状態です。第二法則が成立しないということは、リーダーからすると、フォロワーの掌握や説得をしやすい環境だと言えます。

もちろん、今まで通り部下と直接会って人間的な感情を通い合わせておくことが大前提ですが、オンライン会議などのツールを使いこなしていくことは、「第三の波」の時代のリーダーにとって必須のスキルになるのではないでしょうか。

リーダーに求められる「心の位置」とは？

リーダーの「心のありよう」がフォロワーに見抜かれるということはつまり、**リーダーの「心のありよう」がそのままチーム内に伝播《でんぱ》する**ということです。

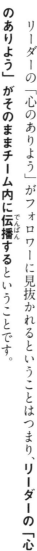

例えばリーダーが有能な部下を妬むなどしてマイナスの気持ちが湧き出てくると、それを部下に見抜かれ、チーム内の雰囲気そのものがマイナスになります。リーダーが思う以上にチームはリーダーの心の色に染まります。

そのため、リーダーは常に自分の心をコントロールしてプラスの気持ちを維持し続ける必要があるのです。有能な部下を妬みそうになったとしたら、素直に部下の能力を認め、「この部

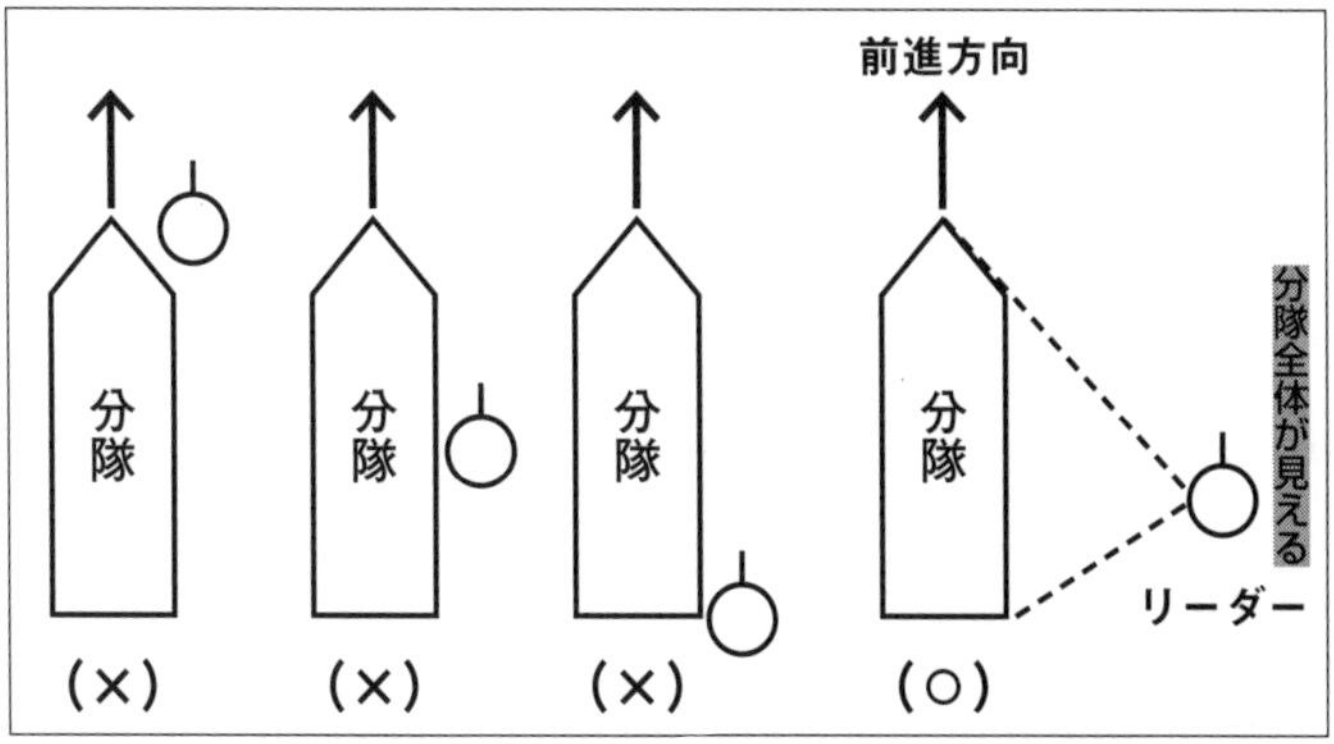

分隊進行訓練におけるリーダーの適切な位置

下の能力は私よりも上だ。彼がいてくれればチームの成果は大いに上がる。私はリーダーとしての仕事にさらに専念できる。ありがたい」とプラスの気持ちに変換していくことが、チームビルディングにとっては重要だと言えます。

リーダーの「心」に関してもうひとつ、私が指揮官時代の経験から重要だと言えるのは、リーダーの「心の位置」です。

リーダーは、自分の心の位置もコントロールしなければなりません。

そう言われてもいまいちピンと来ないかもしれませんが、ようするに、**時と場合に応じて「現場の業務」とは適切な距離を保っておかなければ、全体が見渡せなくなり、リーダーとして必要な判断ができなくなる**、ということです。

先に述べた分隊行進訓練のリーダーを例にあげると、リーダーは行進している分隊に近寄り過ぎると分隊全体が見えず、タイミングよく号令をかけることができなくなります。

なので、上の図のように、分隊が上に向かって前進している時のリーダーの位置は、分隊全体が見える所で、かつ進行方向に対して2／3くらい後方の場所が適しています。

これによって、分隊の後方まで目が行き届き、かつ分隊全体が見え、進行方向に対して視界が開けるのです。行進訓練の場合には物理的に場所が見えますが、物理的に場所が目に見えない会社などの仕事において、この行進の例と同じように心の位置をコントロールして、業務においても全体像が見える位置に心を置くようにイメージするのです。

では、もう少し具体的にチームがひとつのオフィスのなかで会社から任されたプロジェクトに取り組んでいるケースを考えてみましょう。この場合、リーダーの心の位置はどこに置くべきでしょうか？

分隊行進訓練を思い出してください。オフィスのなかにいて物理的には離れることができなくとも、心のなかで全員が見渡せる位置に自分の心を位置づけるのが適切でしょう。すなわち、**プロジェクトに対しては、進むべき方向をリーダーとして示しながらも、フォロワーたちの業務が俯瞰《ふかん》できる位置に自分の心を置く（先頭に立ってフォロワーと同じ目線で業務に従事してしまわないよう心がける）**というわけです。そうすることで、精神的にも余裕が生まれ、プロジェクトが妥当な方向に進んでいるか否かの判断や、戦略と戦術のつながりをどのようにコントロールすればよいかという「作戦術」思考がやりやすくなります。

ここまでは、心をどのような状態にするべきかについて述べてきました。では、その心のコントロール力はどうすれば向上するかという疑問があるかもしれません。

ご参考までに少し紹介しておくと、その向上方法としては、武道による心の修練、アンガーマネージメントなどのトレーニング、また大谷翔平選手も取り入れている中村天風氏著述の『成功の実現』等が参考になるかと思います。さらに具体的な心のコントロール力向上の方法等は本書の主テーマから外れますので、また別の機会がありましたら改めて述べたいと思います。

現場第一主義の是非

リーダーが心の位置をチームの先頭に置き、自分の業務に専念し過ぎてしまうと、リーダーはフォロワーの意見を聞き入れにくくなってしまうおそれがあります。また、フォロワーもそんなリーダーの心模様を察知して、**リーダーに対して意見を言いづらい雰囲気**になるかもしれません。

実際、アメリカの航空業界で、コックピット内の「権威者」である機長に対して副操縦士以下のクルーたちが積極的に意見を言えなかったことから墜落事故が発生し、チーム内の上下関係のあり方が問題視されたことが過去にありました。

その事故というのが、1978年の「ユナイテッド航空173便墜落事故」です。航空業界の安全対策の分岐点とも言われ、ヒューマンエラー（人的ミス）の事例として有名な事故なので、ご存じの方も多いかもしれません。

事故の直前、機長は、（着陸のリスクに関わる）車輪がしっかりとロックされているかどうかという問題に気を取られ、それに集中するあまり、同時進行で起こっていた燃料不足の問題にはまったく気づいていかなかったと言われています。航空機関士が機長に燃料不足を報告しても、機長は何の反応も示さず、車輪の問題解決に集中していたそうです。

実際のところ、**さまざまな情報や状況から、車輪のロックは正常だと判断できたはず**なのですが、機長は乗客の安全を預かる責任者として「確証」を求めたと言われています。副機長も**車輪より燃料不足の問題のほうが深刻だと認識していた**のですが、**自分よりも年上で経験豊富なベテランの上司に対して、強く意見を言うことができなかった**そうです。

結局、同機は燃料不足が原因で墜落してしまいました。

機長は車輪の問題に集中し過ぎたあまり、時間感覚を失い、機関士から燃料不足の報告を受けていたにもかかわらず、まだ十分に燃料があると誤認してしまったのです。事故後の調査では、「信じられないほど急に燃料が切れた」と報告し、タンクから燃料が漏れていたのではないかと疑っていたそうです。

フライト中のトラブルのような危機的状況に限らず、**人間は事象に入り込み過ぎてしまうと、「聞こえない」「見えない」という認識力低下の状態になってしまいます。**特にリーダーがそのような状態に陥ってしまうと、チーム全体に影響が及んでしまうのです。

よく「現場第一主義」を掲げて現場の前線に立とうとするリーダーもいますが、たとえリーダーが現場に必要な技術を持っている場合でも、**リーダーが「現場の人間」として業務に専念することがベストな選択になるとは限りません。**リーダーが全体を客観視できる位置に心を置いておかないと、全体最適が達成できないケースは多々あります。

リーダーには判断と最終決断をする責任があります。リーダーにしかできない仕事をリーダーは遂行しなければならないのです。

適切な判断と最終決断をするためには、現場からどれくらいの心の距離を置いておくべきか――リーダーはそれを常に考えておく必要があります。

優れたマネージメント手法が有効に機能するかはリーダー次第

ちなみに、アメリカの航空業界では、ユナイテッド航空173便墜落事故の教訓から、CRM（クルー・リソース・マネージメント）を導入したと言われています。

CRMとは、安全なフライトのためにコックピット内のクルーが一丸となって、あらゆるリソース（人的資源、機器、情報など）を活用しながら、チーム全体で危機管理に取り組む、という考え方とその訓練方法です。CRMの訓練では、チーム内の効果的なコミュニケーションが重視され、立場上権威的になりがちな機長は部下の意見に耳を傾ける姿勢や明確な指示を出す技術などを学び、副操縦士など機長の補佐的立場にあるクルーは上司に自分の意見を主張する技術などを学びます。

CRMはその後、航空業界のみならず、医療や海運の現場にも広がり、今日では一般企業もチームマネージメントの手法として注目し、導入を進めているところもあります。

もちろん、CRMの考え方や取り組み自体は大変素晴らしいのですが、ひとつ注意すべきなのは、リーダー自身がしっかりしていなければ、CRMもうまく機能しないということです。

ここで言う「しっかりしている」とは、
①何を、いつ、どこまでやるかを判断できる
②その目的に沿った命令を各フォロワーに正しく伝えられる
③フォロワーがそれをできたかどうかを評価できる
④危機時には部下の意見を冷静に聞き入れ判断材料にできる
などの条件を指しています。また、**そもそもリーダーの頭のなかにチームとしての目標・目的が定まっていないといけません。**

そのような「しっかりしている」リーダーのもとでこそ、フォロワーからの意見や情報をもとに、的確な最終決断を下す仕組みが有効に機能するわけです。

リーダーが何を目指しているのかがはっきりしないまま、「CRMが良さそうだからとりあえず我々もやってみよう」と導入したところで、**本来は目的達成の〝手段〟であるはずの「意見・情報の交換」が目的化される**事態になりかねません。

もちろん、これはCRMに限った話ではなく、その他の優れたチームマネージメントの手法についても同様のことが言えるでしょう。

安倍首相と菅首相の災害対応の差

リーダーと現場との距離に関して、ひとつ思い出すことがあります。それぞれ「大地震」という災害に対応した2人の首相についてです。

1人目は、２０１１年3月11日の東日本大震災に対応した菅直《かんなお》人《と》首相です。

菅首相は、震災発生の翌朝、ヘリコプターですぐに福島第一原発に向かい、現場入りしました。自ら現場の状況を把握するために原発事故現場や被災地を視察したとのことです。

一見、行動力のあるリーダーのように思えるかもしれませんが、**現場で1分1秒を惜しんで作業をしている人たちからすると、あまり歓迎できるものではなかった**と思われます。というのも、政府の要人（しかも首相）が視察に来るとなると、ブリーフィングの準備などの受け入れ態勢を整えるために人手が割《さ》かれ、現在取り組んでいる作業に１００％専念できなくなるからです。

菅首相からすると、原子力発電に詳しい自分が直接アドバイスするとともに、現場で作業している人たちを激励し、士気を高め、より良い事故対応ができるようにする意図があったのかもしれませんが、現場の人たちからすると、あのタイミングで激励されても困っただけだったかもしれません。

もちろん、自ら現場で状況の把握に務めたり、現場の士気高揚を試みたりするのも、リーダーにとって大変重要な選択肢のひとつではあります。時と場合によっては、リーダーの現場入りが大いに功を奏することもあるでしょう。

しかし、それがはたしてあの震災直後の混乱した状況下で適切な判断・行動だったのかというと、大いに疑問です。

一国の首相として、**国全体を見ながら判断すべき事柄（首相にしか決断できないこと）が他にもっとたくさんあった**と思います。現場入りして人々を激励するにしても、順番としてはもっと後のことです。

震災の直後にリーダーとして心をどこに置くのが適切だったかを考えると、現場の福島ではなく、状況がきちんとコントロールされるまでの当面の間は首相官邸など被害の全体がわかる場所で指揮を執るのが適切だったのではないかと思います。

現場に必要な人員数の把握、原子炉をダメにしてでも早期に海水で冷却する判断と許可、避難地域の設定と避難住民の移動統制や数の把握、偽情報やデマなどの拡散及び風評被害等への対策（正しい情報の継続的な提供）、外国からの支援をどの程度受け入れるべきかの判断などを適切に行うには、現場からある程度距離をおいて、全体の状況を客観視できる場所に心を置かないと、すべてのリソースが使えず、全体最適を達成できません。

さて、そんな菅首相と対照的だったのが、2016年4月の熊本地震に対応した安倍晋三首相です。

安倍首相は**震災直後には現場入りせず、他の大臣にも現場入りを制限**していました。安倍首相が現場に視察に来られたのは1週間後のことです。そして、自身の視察後に初めて防衛大臣に現場入りの許可を出しました。

あの判断は、当時現場で指揮していた私からすると、ものすごくありがたいものでした。おかげで、**震災直後の大事な時期に、要人の対応で人手を割かれることなく、災害救助活動に100%専念**することができました。

リーダーは各方面から上がってくる情報をもとに、現場で起きていることを把握する必要はありますが、必ずしも現場にいる必要はありません（時と場合にもよりますが）。

すべてのリソースを有効活用して全体最適を達成するのがリーダーの仕事です。

現場入りする必要がある場合は、あくまでも**「手段」**としてそれを行うべきです。

決してそれが**「目的」**であってはなりません。

日本の風潮として、上に立つ人間の現場入りが「目的」化してしまい、**「とりあえずなんとなく現場を視察している」というケースが多い**気がします。

リーダーの仕事は「目に見えないもの」がほとんど

リーダーは、フォロワーの気持ちを理解し、彼らが自らやる気を出すようにリードし、適切なタイミングで適切な目標を設定・付与し、適時に指示・指導を行う必要があります。

付与する目標や指示・指導は、目に見える（第三者が認識できる）ものの、目標を設定する過程や、指示・指導の内容や時期を決めるための「判断」の部分は、目には見えません。リーダーの仕事は、前者よりも後者、すなわち、リーダーの心のなかや頭のなかで行うもののほうがはるかにたくさんあります。

「目に見えないもの」は、時として軽視されがちですが、この**「目に見えないリーダーの仕事」こそが組織にとって最も重要なもののひとつ**です。しかも、リーダーは、チームが動き出す前に、この目に見えない仕事を人知れず行わなければなりません。会社の目的とチームの目標を一致させ、各チーム員の目標に具体化し、チームとしての全体最適を達成する、といった「作戦術」思考のマネージメントもリーダーの頭のなかで行うものです。

こうした**目に見えないリーダーの仕事は、組織の「形式知」として蓄積されることなく、時として個人の「暗黙知」のままとなってしまう**ことがあります。

さらに困るのは、目に見えない仕事を軽視するリーダーが、本来の仕事よりも具体的に可視化された部下の仕事への指導に労力を傾注しがちなことです。方向性を正すための指導なら妥当であるものの、例えば企画書の表現修正などは、本来部下が適切に仕事をしていれば不必要な指導ではないでしょうか。

だとすると、こうした指導は必要最小限にとどめるべきでしょう。

そこに労力を傾注し過ぎると、本来やるべき「目に見えないリーダーの仕事」がおろそかになりかねません。一方、部下からしても、リーダーに企画書の決済をもらうまでに時間がかかるので、企画を具体化し実行するという重要な段階の前に疲労してしまうおそれがあります。

また、リーダーは、**チームの目標達成に必要な「基盤」の準備をおろそかにしていないかを必ず自分でチェックすべき**です。ここで言う「基盤」とは、会社の収益部門、人事部門を説得し、チームの企画実行に必要な経費や人員など（人・物・金）を確保することなどを指します。

こうした基盤の整備までを全て部下任せにすると、多大な時間と労力を要することがあります。

リーダーが、必要な各部署にまずは最初に話を通しておくことで、部下もその後の手続きを必要最小限の労力で済ませられるケースが多いと思います。

もちろん、ここで述べたような事例は、みなさんが所属する会社や組織にはまったくあてはまらないかもしれませんが、少しでもリーダーの行う「目に見えない仕事」を「形式知」として理解し、「組織知」として蓄積するための参考のひとつとしていただければ幸いです。

努力を促す「目標」とは？

リーダーが目標を設定する際に、気を付けなければならないことがあります。

それは、**目標が「達成可能なもの」でありながら、「簡単に達成できるものであってはならない」**ということです。

例えば、日頃あまり運動をしていない陸上競技のシロウトAさん（25歳）に、「1か月後に5000mを15分以内で走れ」という目標を付与したらどうでしょうか？

1000mあたり3分ペースで5000mを走らなければならないわけですから、普段から本格的に走り込んでいる人でなければまず達成不可能な目標です。Aさんは、すぐにやる気をなくすか、本気で達成しようと努力した場合には、途中で身体を壊すかもしれません。精神面でも「ダメだった」「できなかった」という気持ちが自己肯定感を低下させてしまうことでしょう。

では、同じくAさんに「いつでもいいから、5000mを30分以内で走れ」という目標を付与した場合はどうでしょうか？

1000mあたり6分ペースなので、早歩きで達成することも可能な速度です。何の努力もなしで達成することが可能でしょう。Aさんは自分の実力が過小評価されていると思い、努力する気持ちすら起きないかもしれません。

部下（あるいはチーム）にやる気を起こさせる目標とは、努力したら達成できるものであることが必要です。このケースでは、相手の能力をしっかりと把握した上で、「3か月で、5000mを23分以内で走ろう」といった「がんばれば達成できる目標」を設定するのが望ましいでしょう。また、その目標とともに、練習環境、つまり時間や場所や場合によっては陸上のノウハウを教えられるコーチを提供するリーダーこそが「良いリーダー」だと思います。なお、さらに良いやり方は、Aさん本人が陸上を勉強して、自分で適切な目標を設定して自ら努力するように導くことすが、ここではあくまで上司がチームや部下に目標を付与する場合の留意点の説明ととらえてください。

わかりやすいように陸上競技の例をあげましたが、仕事でも同じように**「適切な目標」の付与とそれを達成するための「必要な環境や基盤を整備」することがリーダーの仕事**です。

チーム内のあらゆる仕事に関心を持つ

組織（チーム）を「第三の波」のミッションコマンド型にするには、**リーダーもフォロワーもお互いの仕事内容を把握しておくことが重要**になります。

私がかつてアメリカの陸軍歩兵学校に留学して作戦術を学んだ時には、教官が**「下についてはつ下の部隊の能力、上については2つ上の組織の任務まで把握するべきである」**と強調していました。それができて初めてミッションコマンドが成立し、作戦術が有効に機能するということでした。

実際、私もその後さまざまな経験を通じて、上下各2ランクまでの任務・能力を把握することがミッションコマンドの基本であり、作戦術に不可欠だと実感しています。

みなさんが置かれている状況によっては、この「2つ上・2つ下の任務・能力」に該当するものがないかもしれませんが、少なくともフォロワーはリーダーの、リーダーはフォロワーの仕事に興味を持ち、お互いにしっかりとその内容まで把握しておくべきでしょう。

フォロワーがリーダーの仕事内容を把握しておくことは、チームの戦略やリーダーの意図を理解して自主積極的に動くためには欠かせません。また、**リーダーがフォロワーの仕事内容を把握していないと、そもそも「作戦術」思考によるチームビルディング自体が成り立たなくなります。**それこそが、基本中の基本となります。

リーダーがフォロワーの仕事を知らないということは、フォロワーの仕事に関心がないということなので、担当者もやる気をなくし、えてして見えない部分は手を抜きがちになります。そうなると当然、チーム全体の業績も上がらなくなります。逆に言うと、**リーダーが自分のチーム内のすべての仕事に関心を持ち、業務内容を把握しておくことはチーム力アップの必要条件**だということです。

念のためお断りしておくと、これは、すべての仕事に対して、常に部下に報告を求めろという意味ではありません。あくまでもリーダーとしてチームの全体像をつかむために、フォロワーの仕事にも関心を持ち、その内容を把握しておくということです。**全体像がわからないと心の立ち位置も決まらない**と思います。

自主積極性を引き出す質問術とは？

リーダーがチーム内のすべての仕事を把握しておくのはチーム力アップの必要条件ですが、その上で十分条件として、フォロワーのモチベーションが上がるよう、コミュニケーションの仕方も工夫する必要があります。

ミッションコマンド型のフォロワーを育てるにあたって、フォロワーとのコミュニケーションで特に注意すべきなのは、彼らに**「答え」を求める質問をしてはいけない**、ということです。

例えば次のような質問です。

「この問題の解決策を述べよ」
「この問題の解決策は、この方策（一例を示して）でよいと思うか？」

この質問はリーダーがフォロワーに「答え」を求めてしまっています。さらに2つ目の質問は、英語で言えばクローズドクエスチョンであり、〇か×で答える質問です。

日本人の大半は、社会に出るまで、学校教育や受験勉強で「答えを当てる問題」に取り組んできました。だから、「問題には決まった答えがどこかにある」という発想になりやすく、リーダー（上司）がフォロワーに答えを求める質問をしてしまうと、反射的に一生懸命答え（往々にして上司と同じ考え）を当てようとするか、過去の事例を探すなどして模範解答を答えようとしてしまいます。

他の場合はいざ知らず、少なくともミッションコマンド型のフォロワーを育てるには、そうした学校教育の延長上にある**「答え当て」に導いてしまうような質問**は向いていません。

その代わりとして私がお勧めするのは、フォロワーの「意志」を求める質問です。

例えば次のような質問です。

「君、この状況をどう思う？」

「君ならどうする？」

「なぜ君はそうするのか？」

「君の目的は何か？」

「君がその目的を達成するためにはどうすればいいか？」

狙いは、**相手の意志を明確にし、その意志を成長させる質問**を心がけることです。この際、質問したリーダーは**自分の意見を言わないで、相手が発言するのを我慢強く待つ**ことがとても重要です。このようにフォロワーが自分の意志を発露できるように質問を投げかけ、フォロワーが自分の意志をつくり上げるのに十分な時間を与えることで、フォロワーの責任感とそれに付随する自主積極的を引き出します。これによって、「第三の波」の組織にふさわしいミッションコマンド型のフォロワーを育てることができます。リーダーの育成にも大変有効だと思います。

実はこの質問術は、私が過去に陸上自衛隊幹部学校の校長を務めていた時（第二章参照）に実践していたものです。学生に問いかける際は答えを求めるのではなく、彼らの意志を尋ね、その意志を伸ばし、意志を堅固に保持するように誘導することが重要であると気づき、その後もさまざまな場面で実践し続けてきました。

ちなみに、民間の教育機関の先生方にこの質問術の話をしたところ、賛同していただける方がたくさんいてうれしい気持ちになりました。後でわかったことですが、明治維新前の江戸時代の各藩校では、この質問術と似たような一対一の問答を通じて、藩の指導者層の武士を育てていたそうです。

飲み会はチームビルディングに有効？

フォロワーとのコミュニケーションに関して、もうひとつ注意したいのが、飲み会など業務時間外のコミュニケーションです。

近年は若者が飲み会に参加したがらない傾向があるようで、さらにはコロナの影響もあって一時期に比べると職場の飲み会が減ったと言われています。一方でいわゆる「飲みニケーション」が再評価されているとも言われ、それを推奨する企業があるという話も聞きます。

従来の日本型組織の飲み会では、上司による部下への強権的なコミュニケーションがしばしば行われてきました。「今日は無礼講だ」と言いながらまったく無礼講ではなく、「とにかく俺の話を聞け！」や「お前にそんなことを言われる筋合いはない」などといった上司の言葉が飛び交う〝文化〟は、おそらく今日《こんにち》においても少なからず日本の組織に残っていると思われます。

コロナ禍が続いたためもあり、正直なところ、今日の飲み会の実態がどのようなものなのかは私にはわかりません。

ただひとつだけ確実に言えるのは、こうした**「昔ながらの飲み会」**は、**「第三の波」の組織を目指すチームビルディングをしていく上では、百害あって一利なし**だということです。

「昔ながらの飲み会」には、**上司が部下にマウントをとって若手を嫌がらせるための機能しかない**と言っても過言ではありません。「無礼講」とは言いながらも、部下が上司に対して下手な発言をするとその後の職場での人間関係にも影響があるため、部下は口をつぐみがちになり、自主積極性とはほど遠い心理状態で次の日の仕事に向かうことになります。

では、本当に「無礼講」で、上司も部下もみんなが楽しんで参加できているような飲み会だったらオッケーなのでしょうか？

もちろん、私としても「楽しい飲み会」自体を否定するつもりはありません。そうした飲み会ならチームの団結力もある程度強化されることでしょう。

しかし、ひとつ注意していただきたいのは、そこで強化されるのは**「疑似家族」や「疑似共同体」としての団結力であって、チームで仕事に取り組む機能を向上させる団結力ではない**、ということです。

家族や共同体はそもそも仕事をするために団結しているわけではありません。だから、疑似家族や疑似共同体の団結力を強化したところで、チームとして組織的に業務を遂行する機能は強化されません。つまり、「ただ楽しいだけの飲み会」もチームビルディングには有効ではないということです。

チームビルディングに有効な飲み会の条件とは？

「じゃあ、いったいどんな飲み会ならいいんだ？」というみなさんの声が聞こえてきそうですが、あくまでもチームビルディングの視点で言うなら、最低限、次の条件を満たしている必要があります。

①テーマや目的が設定されている
②酒を飲み過ぎないようにして、主に意見交換や議論に務める
③意見交換や議論の際には人格攻撃をしない（意見と人格を分けて議論する）
④飲み会を開催すること自体が目的ではない

まず①のテーマや目的というのは、飲み会を通じて実現したいことです。例えば、「個別最適の追求に走りがちな部下を全体最適に寄与する方向に変える」という明確な目的があり、そのために職場より気楽に話しやすい業務外の飲み会でリーダーが部下とコミュニケーションをはかろうとする場合などは、飲み会が有効なチームビルディングの手段になりえます。

②は、そもそも酒を飲み過ぎるとコミュニケーションが成立しにくくなるので、そうならないよう努めようということです。あくまで酒は会話しやすくするためのツールです。酔っ払いをつくる会ではありません。

③は読んで字のごとくなのですが、意外とこれをしっかりとできている日本人は少ない気がします。相手を誹謗中傷《ひぼうちゅうしょう》しないというのは当たり前のことですが、例えば部下から何かを指摘をされた時に、相手の「部下」「年下」「経験不足」などの属性をもとに「どの立場でものを言っているんだ」「部下のお前にそんなこと言われる筋合いはない」「年下のくせに」「そこまで言うならじゃあお前がやってみろよ」「そういうことはもっと仕事ができるようになってから言え」などと言い返してもいけないということです。**相手の主張と属性をしっかりと区別し、相手の主張に基づいて議論する**ということを、大半の日本人が苦手としています。相手の主張よりも属性に基づいて、反発したり、肯定したり、妄信したりする人が少なくありません。

④は①に通じる内容であり、飲み会はあくまでもチームビルディングの「手段」であって「目的」であってはならないという意味です（「そんなものは飲み会とは言えない！」という声も聞こえてきそうですが）。

そして、この飲み会は、仕事に通じるものであるため、会社による費用負担があればより一層仕事向上のための飲み会であるとの意識が強まるでしょう。

巷《ちまた》で「飲みニケーション」が再評価されているからと言って、リーダーがテーマも目的もなく、ただ会社から与えられたポストと部下を使って飲み会を開いても、チーム力の向上にはまったく役に立たないでしょう。

情報化社会で生き残るために「第三の波」の組織へ

社会全体を見れば、日本はすでに「第三の波」の情報化社会に移行していると言えますが、「第一の波」や「第二の波」の要素も色濃く残っています。

例えば、日本の企業はこれまで社員の「疑似家族」「疑似共同体」の役割を果たしてきましたが、これは「第一の波」の要素です。

また、飲み会で上司が部下にマウントをとるなどの事態が起こりやすいのは、「第二の波」の組織の特徴です。

「第二の波」の工業化（産業化）社会では、軍隊も企業も大きければ大きいほど素晴らしいという考え方が主流になります。そのため、人々の価値観も、**「一流の大学に入って卒業する」「大**

きな組織に所属する」「大きな部署に配属される」「大きな組織のトップになる」といったことが重視され、それがそのまま人々の行動原理になります。一流大学に行くのも大企業に就職するのも、多くの場合、学問や仕事そのものが目的ではなく、**自分の人生にとってより有利な〝身分〟を手に入れたい**からです。

規模や量がものをいう「第二の波」では、お金や権力があれば、それだけで無理やりにでも人を動かせます。だから、飲み会で部下にマウントをとるような上司が出てくるわけです。

一方、情報革命を経た「第三の波」の情報化社会では、**小さな組織やチームでも工夫次第で大きな成果を出せる**ようになります。なので、**巨大化する必然性のない「図体《ずうたい》だけが大きな組織」はむしろ非効率**です。情報や知識こそが大事なツールになり、マネージメントによって人を動かす際にも欠かせないものになります。**強権的に人を動かすのではなく、リーダーシップやマネージメントによって人や組織に対して働く喜びを与えて動かせるようなリーダーのあり方が求められる社会**です。

これから先、日本の組織の多くはこの「第三の波」に適したミッションコマンド型の組織形態に移行していくと思われます。情報化社会の生存競争において「第二の波」、「第三の波」のどちらの組織にメリットがあるかを考えれば、当然「第三の波」を選択する組織が増えるからです。実際、ベンチャー企業やＩＴ企業の多くはすでに「第三の波」に移っています。かたくなにスマホを使わずにいる人が現代の企業内で生き残っていくのが難しくなっていくようなものだと言えば、イメージしやすいでしょうか。その昔気質《むかしかたぎ》の人は、情報化された社員たちとは時間の感覚や仕事の効率がまったく異なる世界で生きることになります（あくまで組織やチームに所属する人を対象にした表現です）。

そもそも資本主義社会というものは、創意工夫の継続、すなわち**革新に次ぐ革新によって新たな利潤の獲得方法を生み出していかないと企業が勝ち残れない社会**です。それができなくなった企業は自然淘汰されてしまい、市場から退場させられます。つまり、倒産をしてしまいます。

競争に勝ちたければ新しい「波」を取り入れ、さらに進化を続けていく必要があるのです。

そのためのツールとして、ぜひみなさんには「作戦術」思考を身に付けていただきたいと思います。

第4章

〝本質〟を見抜く力を鍛える

「作戦術」思考をマスターするのに必要なのは〝本質〟を見抜く力

第一章でも述べたことですが、軍事の作戦術を理論（知識）として知っているからといって、実際に作戦術を使いこなせるわけではありません。作戦術という軍事運用術は「形式知」であると同時に「暗黙知」的な要素もあり、**その理論をもとに繰り返し実践して技術を磨いていかなければ使いこなせない**ものだからです。

「作戦術」思考についてもまったく同じことが言えます。

「作戦術」思考には、「理論」の側面と「技術」の側面があります。

理論は、基本的に知識として学ぶことによって理解し、見識として修得することができます。

一方、**技術は、基本的には、実践とその繰り返し、すなわち反復練習によって身に付けるもの**です。知識を理解して学ぶだけでは身に付けることはできません。技術に関する知識が技術向上のヒントになることはもちろんありますが、その場合でもやはり結局は反復練習を通じて技術の向上に努めて**胆識**《たんしき》となるまで高めてこそ、本当の意味で技術を体得することになります

（見識：物事の本質を見通し、しっかりした考え、見方ができる状態。胆識：見識からさらに

深く体得して期せずして行動に結びつくなど、自分のものとして使いこなせるレベルの状態)。

「作戦術」思考の理論的な部分に関しては、ここまで本書で述べてきた内容を理解していただければ、それで十分だと思います。軍事の作戦術の知識をさらに専門的に学ぶ必要もありません。趣味としてなら話は別ですが、それよりも、本書で得た知識をもとに、日常のさまざまな場面で「作戦術」思考を実践していただきたいと思いますし、実践の繰り返しによってこそ技術も早く身に付くと思います。

一方で、「作戦術」思考をより良く使いこなし、実際に仕事などで成果をあげるためには、日頃からしっかりと鍛えておかなければならない能力があります。

それが本章のテーマ、**「本質を見抜く力」**です。

「作戦術」思考を実践する難しさ

ここで少しおさらいしておきましょう。

戦略とは「未来をより良いものに変えるために、今後どうするか」というビジョンであり、時間と多くのアセットを使用してより良い未来を実現するための方法と手段です。

戦術とは「いま起きていることにどう対応するか」に関する技術です。

そして、戦略と戦術をつなぐのが作戦術であり、すなわちそれは「戦略目標の達成（全体最適）に寄与するように戦術（個別最適）をコントロールしていく技術」です。

この作戦術のベースとなる考え方を「作戦術」思考として日常生活のさまざまな場面で活用していこう、というのが本書全体のテーマです。

つまり、「作戦術」思考とは、**「自分の意志（目的）に沿うように、自分の行動をコントロールしていく思考技術」**だと言えます（「自分」のところは「チーム」や「組織」にも替えることができます）。

しかし、戦略（意志）と戦術（行動）をつなげるという作業は、実際にやってみると言葉で言うほど簡単ではありません。

例えば、現在自分たちのチームが取り組んでいるプロジェクトについて、「現在どういう戦略のもとでプロジェクトを進めているのか？」、「現在どういう戦術を選択しているのか？」という質問には、比較的簡単に、明確に答えられると思います。

しかし、「現在の戦術は戦略目標達成に寄与しているか？」「より有効な戦術が他にないか？」という質問に対しては、答えるのがはるかに難しくなります。

「作戦術」思考は、**これらの質問に「自分なりの答え」を出しながら、戦略・戦術のつながりにフォーカスしていく技術**です。

では、なぜ後者の質問は答えるのが難しいのでしょうか?

それは、**「評価」**の要素があるからです。

前者の質問は、多くの場合、現在の自分たちのプロジェクトを「観察」することで答えを出せます。

しかし、後者の質問に答えるには、「観察」した上で、それを「評価」しなければなりません。

そして、「評価」を適切に行うには、プロジェクトの全体像を把握するのはもちろん、個々のチーム員の取り組み(業務)がその全体にどのように作用しているのか、全体最適を妨げている要因はないか、全体最適をより効果的に達成するための取り組みは他にはないか、などといった**プロジェクトの〝本質〟に関わるメカニズムを踏まえた上での評価を行う**必要があります。

そのためには、「本質を見抜く力」が求められるのです。

18世紀の人に「テレビ」を説明するには？

第二章で紹介した「重心（Center of Gravity）」を覚えているでしょうか？

作戦術を構成する重要な要素のひとつで、「敵のパワーと行動の源泉」を指す概念であり、そこを崩せば敵が〝総崩れ〟する「急所」のようなものだと第二章で説明しました。

また、戦争（あるいは個別の戦闘）においては、敵部隊等のシステムを解明し、そのシステムを瓦解させうる重心を見抜き、重心を直接打撃するか、重心を崩すための弱点を打撃することが勝利のカギになる、とも説明しました（部隊の重心の例：指揮官、指揮所、通信ネットワーク、兵站施設等）。

「本質を見抜く力」とはこの「重心を見抜く力」に近いものだと言えます。

すなわち、現在取り組んでいる物事の本質（どのような仕組みで成り立っているのか、根本となる要素は何か、など）を理解した上で、**より小さい努力でより大きな効果が得られるポイント（重心）を見抜き、そこを改善していく**わけです。その意味で、「作戦術」思考とは**「目的（目標）達成のために、より小さい努力でより大きな成果を出すやり方（戦術、チームビルディング）を探すためのツール」**であるとも言えます。

では、その肝心の「本質を見抜く力」を鍛えるにはどうすればいいでしょうか？

私がよくお勧めしているのは、**「18世紀の人間（日本なら江戸時代の人）に現代の物事をどう伝えるか」**を考える思考トレーニングです。

ちなみに、18世紀という設定は思いつきであり、別に16世紀でも15世紀でもかまいません。ただ、19世紀の人間だと科学的な知識もかなり豊富になり、感覚も現代人に近く、話が通じやすくなり過ぎるので（一方、紀元前の人間や原始人が相手だと反対に難しくなり過ぎると思われるので）、18世紀くらいがこのトレーニングにはちょうどいいと思っただけです。

さて、例えば、みなさんなら18世紀の人に「テレビ」をどうやって説明するでしょうか？


「たくさんの人に情報を伝えることができるもの」


確かにそれも答えのひとつでしょう。しかし、その説明だと「ああ、制札《せいさつ》（当時の掲示板）や瓦版《かわらばん》（当時の新聞）みたいなものか」と誤解されてしまうかもしれません（「情報」などの概念は当時の言葉で伝わるものと仮定してください）。

もうお気づきかもしれませんが、18世紀の人に「未知のもの」を伝えるためには、その「未知のもの」の本質的な部分を伝える必要があります。

では、テレビの本質とは何でしょうか？

例えば機能の面に着目すれば、こう言えます。

「離れた場所の映像と音とを瞬時に再現する装置である」

ひとつ注意していただきたいのは、これが「正解」だと言っているわけではありません。というより、そもそも「正解」はありません。それにテレビ自体も日々進化していますので、ある時に正解だと思ってもすぐに時代遅れの定義にもなりかねません。

これはあくまでも**「〇〇の本質は何か？」を自分の頭を使って考え抜くためのトレーニング**であって、試験対策のように、**どこかに正解があって、それを正しく答えるためのトレーニングではない**からです。答えは「自分なりに納得できる答え」で十分です。

ただ、答えが何でもいいからといっても簡単にできるわけではありません。

実際に挑戦してもらえるとすぐにわかりますが、真剣に「自分なりに納得できる答え」を見つけようとすると、かなりの知的忍耐力・持久力が必要になります。その意味では、どれだけ難問であろうと、あらかじめ正解が用意されている試験問題に取り組むほうがはるかに楽だと思います。

建設的な議論の練習にもなる

この思考トレーニングは誰かと一緒にやってみるのもお勧めです。

自分ひとりだとなかなか気がつかないことを気づかせてもらったり、同じ問題に対する他人の考え方を参考にできたりします。当たり前のことでも、知っている（つもりの）ことでも、よく注意して意識しなければ気づかないことは多々あります。

また、自分が出した答えにツッコミを入れてもらうことで、より完成度の高い答えを目指そうというモチベーションにもつながります。

おそらく自分ひとりだと、「自分なりに納得できる答え」が出た時点で満足してしまい、なかなかそれ以上の答えを探そうという気持ちにはならないでしょう（「自分なりに納得できる答え」を出すだけでもひと苦労なので）。

例えば、先にテレビを「離れた場所の映像と音とを瞬時に再現する装置である」としましたが、これに対して「現代的な『映像』の概念は当時の言葉に変換できないのでは?」というツッコミが入るかもしれません。

すると、そのツッコミがきっかけとなり、「じゃあ、『映像』という言葉を使わずにどうやって説明しよう。『離れた場所の様子を音とともに瞬時に再現する装置』でも通じるかな?」と新しい答えを模索したり、あるいは「18世紀の人に『映像』の概念を説明するにはどう伝えればいいだろうか?」という新しい問題に発展するわけです。

この思考トレーニングは、お題は無限にある上に、正解はありません。やろうと思えば、場所を問わず、タダでいくらでもできます。複数人でやると建設的な議論の練習にもなるので、それこそチームの「飲み会」の時にでもやってみたらいかがでしょうか。

テレビを能動的・クリエイティブに観る

その他の「本質を見抜く力」を鍛えるトレーニングとしては、**さまざまな事象を観察しながら「自分だったらどうするか?」と追体験してみる**という方法があります。第三章でも少し紹介しましたが、私はこれをフォロワー時代にリーダー(指揮官)たちの仕事を見ながら実践していました。こちらもタダでできる上に、シミュレーション能力も鍛えられて、仕事の引き出しも増えるので、より「作戦術」思考の実践に直結するトレーニングだと言えます。

なお、自分に置き換える対象は、必ずしも仕事場の上司や知り合いである必要はなく、例えば政治家やテレビタレントなど、面識のない人でもかまいません。

例えば、政治家が不祥事の疑惑を持たれてピンチに陥っている時、「自分だったらどう対応するか?」と自分に置き換えて考えてみる。問題の本質を探りながら「会見を開くなら何を語るべきか」と考えてみる。テレビタレントがコメントを求められている場面では「自分だったらこの流れで何を言うか」を考えてみる——という具合に、常に自分が「当事者の意識」で物事を観察し、考える癖をつけた上で対応力までをも養うためのトレーニングです。

これを続けていると、例えばそれとなくテレビを観ている時でも「あの人はなぜあのようなコメントをしたのか?」「あのコメントでその後の番組進行の流れがどう変わったのか?」「あのコメントにはどういう機能があったのか?」という本質の分析につながる疑問が自然と出てくるようになり、ともすれば受け身的・消費的になりがちな「テレビを観る」という行為も能動的でクリエイティブなものになります。

日本人には「所有権」の概念がない？

「本質を見抜く力」を鍛えるには、日常の思考トレーニングの他に、**自分が生きている社会について理解を深めておく**ことも大切です。むしろ「作戦術」思考でチームビルディングをしていくにあたっては、欠かせない要素かもしれません。

例えば、前章で述べた、部下が仕事を続けているうちに少しずつリーダーの権限を悪意なく〝簒奪〟してしまうという問題も日本の社会の構造的な問題に由来すると考えられます。

前章では、日本人に資本主義の基本的な精神（所有権がはっきりしている資本を元手に最小限の労力で最大限の効果を得るという精神）が欠如していることがその原因のひとつではないかと述べました。そして、その根本をたどれば、学校教育の段階で子供たちに民主主義や資本主義の基礎を学ばせていないという日本の構造的な問題に行き着く、とも述べました。

そもそも**「所有権」という概念自体、日本の学校教育ではほとんど教えていない**（教えていたとしても大半の日本人の記憶に残らない程度しか教えていない）と思います。ましてや所有権を規定する民法について勉強することなど、司法関係の仕事に就く人以外はほとんどなじみがありません。

所有権とは、所有者が所有物を（法令の制限内において）自由に使用・収益・処分できる権利です（民法２０６条）。すなわち、物を全面的に支配できる権利であり、財産権の中核をなす存在です。

民法の大家と言われる法学者の川島武宜氏（戦前は東京帝国大学法学部教授、戦後は東京大学名誉教授）は、主著『日本人の法意識』で「日本人には所有権の概念がない」と述べています。例えば、学生に大事な本を貸すと、なかなか返してもらえないどころか、教授の蔵書であるのに鉛筆やボールペンで線を引いてしまうこともある、とのことです。また、戦時中に疎開していた人が、荷物を農家などに預けたまま都会に戻り、久しぶりに荷物を引き取りに行くと、農家の人は自分の所有物のようにその預けた荷物を使用していたという話も聞いたと言います。

今日ではさすがにそこまでする人はなかなかいないかもしれませんが、**欧米の人々に比べて、今でも日本人に所有権の意識が希薄なのは確かです。**

ドイツ陸軍指揮幕僚大学に留学した後輩から、ドイツ軍人との飲み会に参加した時のエピソードとして、次のような内容を聞きました。

後輩はドイツ軍人のグラスが空いていたので、そのドイツ軍人のビール瓶を手に取り、ビールをグラスに注いであげたそうです。相手が日本人なら「ありがとうございます」などのお礼の言葉が返ってくるシチュエーションだと思います。

ところが、後輩はドイツ軍人から「俺のビールをなぜ勝手に注いでいるんだ。お前のビールじゃないだろ」とクレームをつけられてしまいました。

後輩としては、日本の宴席の感覚で「気を利かせて」ドイツ軍人にビールを注いだつもりでした。おそらく日本人なら少なからずこの後輩と同じような行動をしてしまうのではないでしょうか？

しかし、これはドイツ人にとっては所有権を侵される行為なのです。

ドイツ人は所有権の概念が骨の髄まで染みついているため、「自分のもの」と「他人のもの」とを厳格に区別しています。自分のビールを他人が勝手にグラスに注ぐ行為は、自分の所有権の侵害であり、許せなかったのです。

所有権に対する日本人と欧米人の意識の違いがよくわかるエピソードだと思います。

所有権を意識するようになったきっかけ

日本人の所有権問題について、私がこれほどまでにこだわるようになったのは、そもそもは自分自身の失敗体験からです。

第二章でも述べたように、自衛隊でレンジャー教育の主任教官となった1年目はチームビルディングに失敗したのですが、それ以外にも自分の権限外の決定をして上司の連隊長に思いっきり叱られたことがあります。

ある時、レンジャー教育参加中の学生が、不幸にも教育の継続が困難なほどの怪我をして、担当医師からも「レンジャー教育の参加はやめるように」と言われました。そこで、現場の責任者である私が上司の連隊長に「○○学生は怪我をして、ドクターストップもかかりましたので、元の部隊に復帰させます」と報告したところ、連隊長は「その判断は教育実施を命じている連隊長がするんだろう。教官レベルが何を勝手に決めてるんだ！」と烈火のごとく怒りました。

しかし、当時の私は、なぜ自分がそこまで叱られたのか、まったく理解できませんでした。それどころか、「レンジャー教育参加が継続困難なのだから、現場で判断しようと連隊長が判断しようと同じ結論だろう。それよりも怪我をした学生にとっては早く結論を知りたいはずだ」とまで思ってしまっていました。

なぜなら、当時の自分には決定権、所有権概念についての認識が非常に希薄で、受け持ったレンジャー教育を担当することしか頭になかったからです。

その後、自分の判断のどこに問題があったのかを考え調べるうちに、川嶋教授の『日本人の法意識』に出会いました。そして、民法の所有権の概念を学んだことで、自分の間違えた原因と、他の人にも共通する問題点の発生原因までわかってきました。

他人のことを偉そうには指摘できないのですが、自衛隊では「自分が過去にできなかったり、失敗したりしたことでも、今はできるようになっているなら、それをしっかりと組織に根付くように堂々と伝え、教育するべきである」との教えがあります。今もその教えを実践したいと思います。

問題のルーツは明治維新にまでさかのぼる？

川嶋教授は、日本人に所有権の概念がないのは物に限った話ではなく、業務においても発生することを指摘しています。すなわち、業務に従事していると、その業務に関係する上司の決定権までを自分のものとして行使することがあるとのことですが、それがつまり第三章で述べた「部下によるリーダーの権限の〝簒奪〟」や私自身の失敗です。

そもそも、日本は明治時代に不平等条約の改正を目指して、近代的な法治国家になるべく、大急ぎで民法を制定しました。明治時代の民法は、フランスの法学者ボアソナードにフランス民法を訳してもらい、日本の民法としてそのまま制定したと言われています。

つまり、**日本の伝統・文化・生活にまったくなじまないものを日本の民法にした**というわけです。

明治政府にとって民法は、**「不平等条約改正のためのツール」**でしかありませんでした。

日本人に「法律なんて肝心な時にはまったく役に立たない」と思っている人が多いのも、この民法の成立過程とその受け入れ方に原因があると川嶋教授は論を展開しています。

今日でも大半の日本人は、日常生活に最も深くかかわる法律である民法にあまり関心を持たずに生活していますが、そもそも所有権の概念が日本人になじまないのも、こうした歴史的な背景からすれば無理はないのかもしれません。

また、明治時代における旧日本帝国陸軍創設時の状況について観察してみると、**近代軍に必要なソフトが完全には組み込まれていなかった**のではないかと思い当たることがあります。

例えば、軍事組織における「正しい命令」についての理解浸透、指揮命令系統と参謀系統との権限や業務内容の違いについての認識、戦術を現地・戦況に合わせて使いこなすためのノウハウなどを十分に咀嚼《そしゃく》しないまま、フランス軍やドイツ軍から形だけを急いで導入したように思われます。

こうした傾向は、日本の他の組織や分野にもあてはまっているのではないか、と感じてなりません。

明治維新の時に日本が近代化を目指すにあたり、**欧米社会の形（ハード）だけをマネして、そのベースにある思想（ソフト）を十分に入れてこなかった**ことが、本書で指摘してきた今日の日本社会における構造的な問題の始まりだと考えられます。

「正しくない命令」に従う義務はない

誤解のないよう補足しておくと、私は欧米社会をもっとしっかりと見習うべきだと言っているわけではありません。

欧米型のシステムや組織をそのままマネしても、日本と欧米（キリスト教世界）の根本的な思想の違いからうまく機能しない部分がどうしても出てきます。

だから、**欧米のシステムを日本の社会に導入する際には、日本人の考え方に適合する形に変えたり、そのシステムの基礎となっている考え方をしっかり踏まえた上で思想や運用のソフト**

を日本型に作り込むなどの〝工夫〟をするべきだと思います。

日本の企業や社会の仕組みは、否でも応でも現実として、ほぼ欧米型のものを取り入れています。私はいわゆる日本的経営の良い部分を否定するつもりはまったくありませんが、**欧米型の組織・仕組みにはやはり欧米型資本主義的経営に適したソフトが必要**であることは否めない事実です。しかし、現状を見る限り、大半の日本の企業・組織・個人には、そのソフトの必要なパーツが入りきっていないように思えます。

そもそも明治維新の時に日本が目指した近代国家は、資本主義の精神や民主主義、自由主義という基盤のもとに成り立っています。

- **資本主義の精神：目的合理的経営、市場の開放と情報開示、法律順守、共通ルール下の自由競争、所有権の絶対、等々**
- **民　主　主　義：国家に外交・軍事、法律制定などの権限を集中させ、その権限に国民が参画すること**
- **自　由　主　義：強大な権限を有する国家から個人の権利、私有財産権などを守ること**

マックス・ウェーバーによれば、これらは、キリスト教世界、それも宗教改革以降のプロテスタントによる倫理が出発点となっています。すなわち、神との対峙を経て、人間が保有してよい権利、生まれながらの権利・自由を突き詰めたなかから生まれたものです。

こうした近代国家の仕組みやキリスト教の思想に基づく原理原則を理解していないと、例えば、飲み会の席でも会社の上下関係をもとに「お前はおれの部下なんだから、もっとしっかり俺の話を聞け！」などという**「正しくない命令」**を出す上司が出てきます。

どこがどう「正しくない」のでしょうか？

民主主義の思想をしっかり学ぶと、**そもそも人間は他の人間に命令をしてはいけない**ことがわかります。その背景には、「人間に命令できるのは神様だけである（人間の上にいるのは神様だけで、人間同士は平等）」というキリスト教の基本的な思想があります。

しかし、現実の社会生活では人間が他の人間に命令する必要がある場面が出てきます。

そこで、キリスト教世界では、**人工的なポストや法律などのルールをつくり、あらかじめ決められた範囲内の権限で「人間同士の約束」として命令を出せるようにする**ことでこの問題を解決しました。

本来は「神様の前に人は平等」だから、人間は他人に命令をしてはいけません。だからこそ、

人間が他人に命令する時には、ポストの権限の範囲内で正しく命令しなければいけない（正しくない命令には従う義務はない）のです。この場合の「正しい」とは「人間同士の決めたルールに則っている」ということです。多くの知的欧米人が相手の人格（属性）と主張を区別して議論できるのも、この平等意識が社会に根付いているからだと言えます。

一方、飲み会で部下にマウントをとるような上司は、部下にも割り勘で会費を出させているにもかかわらず、そして課業時間外であるにもかかわらず「俺はお前より偉いんだから俺の話をちゃんと聞け」などと、**「人間同士は平等」のルールを無視した「正しくない命令」**を出したり、部下や同僚がまともな意見を言っても「お前にそんなこと言われる筋合いはない」などといった**「人格と主張を区別できていない発言」**をしたりします。

人間が便宜上生み出したにすぎない「会社のポスト」の威を借りて、自分が偉くなったと〝勘違い〟しているから、そのような行動に出てしまうのです。これは民主主義に対する基本的な理解がないことから起こりうる、日本型組織ならではの光景だと言えば言い過ぎでしょうか。

ちなみに、『「空気」の研究』で有名な評論家・山本七平氏が「旧軍では陸大出の大隊長が部下に『俺のたばこを買ってこい』なる大隊命令を文書にして下したことがある」という証言を残しています。旧軍におけるエリート軍人も「正しい命令」と「正しくない命令」を区別できていなかったと思われます。

「身分制度」のためにつくられた大学

日本人の法意識の問題と同様、今日の学校教育の問題もまた明治維新時にルーツがあると言えます。

ご存じの通り、明治維新をきっかけにいわゆる「士農工商」の身分制度が廃止され、形の上では「四民平等」となりました。

その代わりに、**新しい〝身分〟として登場したのが「学歴」**です。

当時の大学は帝国大学(東京大学)を筆頭に「近代国家にふさわしい中央省庁の官僚養成機関」としてつくられ、実際にその通りに機能していました。つまり、**「学問研究」が目的ではなく「官僚の育成」のためのツールとして大学をつくった**のです。

すると、長い年月を経るうちに自然と人々は「学問研究(学ぶ喜び)」より「身分(社会的な地位)の取得」を目的に大学に進学するようになっていきます。結果として、明治時代には、帝国大学法学部、商科大学、師範学校、陸・海軍士官学校など職業にそのまま結びつくような学歴を各ピラミッドの頂点とする「学歴中心の新たな身分制度」が生まれたというわけです（そもそも国家運営には指導者層など一定の階層を構成することは必要ですが）。

この傾向は、戦前・戦後を通じてますます加速していき、今日にいたっては、日本にかなりの比重で「偏差値偏重型の学歴による身分社会」が定着してしまいました（一方では、ジョブ型雇用のような専門家が望まれる新しい傾向も出てくるなど、新たな明るい兆しも見えます）。

この状況の根底にあるのは「そもそも学問なんて社会に出れば役に立たない」という発想です。

おそらくみなさんも「いい大学を出たやつは仕事では役に立たないから、実社会で一回〝禊《みそぎ》〟をして、仕事で使えるようにしないといけない」といった言葉をどこかで耳にしたことがあるのではないでしょうか。この手の言葉の背景には、「学問は役に立たない」という発想（誤解）に加え、これまで「いい大学」出身者の大半が「身分を取得するための受験勉強」しかしてこなかったから大学を出ただけではすぐに役に立つ人が少なかったという側面もあります（しかし、学校を出れば即戦力になるかといえば、そもそもそれは難しいと思いますが、企業側は即戦力を求めすぎていたという側面もあったと思います）。

ここで述べたような現実や歴史的な背景を踏まえると、**明治維新から現代までを通じて「学問や法律は実社会では役に立たない」という印象が刷り込まれ、さらにそれが強化されていっ**

たのだと考えられます。

リーダーを育てなかった国の末路

明治政府が官僚育成に力を入れていたのとは対照的に、江戸時代の各藩は指導者（リーダー）育成に力を入れていました。自分たちの藩が潰れないように、指導力のある人間を一生懸命育てていたというわけです。明治維新の指導者の多くが下級武士出身であることから、下級武士層にもその教育が及んでいたことがわかります。

しかし、そうして各藩で育てられた人材が明治維新後に国家の指導者層に流れ込み、中央集権国家を建設していくと、「日本には指導力のある人材は大勢いる。むしろ指導者をサポートする人材（＝中央省庁の官僚）が必要だ」と認識されるようになり、帝大法学部を中心に官僚養成のための教育システムが整備されていったのだと予想されます。帝国陸軍もドイツにならって参謀大学を設立しましたが、これはリーダー養成のための教育機関ではなく、参謀（高級指揮官をサポートして作戦・用兵その他の計画・指導にあたる将校）を育成するための学校でした。

その後、陸軍などを中心に、教育に対する考え方が「参謀は教育できるが、リーダーはそもそも生まれ持った素質に左右される。教育によっては育成できないものである」という認識(誤解)にいたるようになります。**「リーダーは学問からは生まれない(リーダーシップは理論として学べるものではない。生来備わっているものだ。勉強してどうにかなるものではない)」という誤解が今でも日本にある**のは、こうした歴史的な背景によるものではないかと思われます。実際、旧軍の将校で、戦後しばらくして幹部自衛官となられた方からリーダー論を聞いた時も上記のような回答でした。そして、防衛大学校出身者等、旧軍出身の幹部自衛官から教えを直接受け将官となられた方にも同様の考えを持たれた方が複数おられました。

リーダーとは、答えのない場面(時として危機的な場面)で自らの判断をもとに答えを出し、決心してその答えに沿った行動を進めていく人間です。

一方、**官僚や参謀は、決められた法律内、命令内での手続きを確実に進めていく人間**です。

そもそも両者は、育成の要領も、教育すべき内容も異なります。

さて、江戸時代の〝遺産〟である「指導力のある人材」が維新後次第にいなくなると、やがて官僚出身者が日本をコントロールしました。

前述の通り、官僚は法律のなかで動く存在です。政治家のように、行政組織を政治指導する存在でも、社会に新たな法律（ルール）を生み出す国会機能の一員でもありません。基本的には、「法律」に則って正確・確実に結果を出すべく行政組織の中で一所懸命働く人たちです。

この官僚の人たちがいないと行政は正しく機能しません。一方で、指導力のある政治家がリーダーシップを発揮してマネージメントしなければ、官僚機構は本来の役割である縦割りの分業としての能力を発揮する一方、国家にとっての全体最適の達成は難しくなります。

つまり、**分業と協同の2つの機能発揮が必要不可欠**なのです。

戦前の日本において、軍事という国家の一機能が突出し協同機能がうまく作動しなかった結果、どのような〝悲劇〟がもたらされたかは、みなさんご存じの通りです。明治時代の官僚の方々には、指導力もリーダーシップもある人材が多かったと言われますが、年月が経つにつれて加速度的に官僚養成型の教育が主流となり、その性格が強くなる一方、リーダー育成には余り目が向いていなかったのだと言わざるを得ないでしょう。

試験で大切なのは「公平公正」よりも目的

第二章で紹介した私の体験にも通じる話なのですが、大学進学の目的が「身分の取得」になってしまうと、試験の問題もその影響を受けて公平公正が最も重視されるようになります。つまり、正しく採点ができて、誰もその採点に文句をつけられないような試験であればあるほど好まれる、というわけです。

長らく英語の試験でスピーキングが敬遠されてきたのも「不公平、不公正な要素を排除しきれないからダメだ」という意見が強かったからでしょう。

確かに「採点」という面だけを見ればその通りでしょう。対応する試験官によって採点に偏りが出てしまうのはおそらく避けられません。

しかし、そこには**そもそも「学問を通じてこういう人間を育てたい」という発想がありません。**すべて**採点する側、評価する側の都合**です。

例えば国や大学が「自分の力で物事を考えられる人間を育てたい」という目的を持っているならば、公平公正さとの両立が難しい部分があったとしても、考える能力を求める試験にしたほうがいいに決まっています。採点するのが難しいというのであれば、採点をできる人たちを育てればいいのです。そもそも最初から完璧な試験体制でスタートする必要もありません。

「作戦術」思考で言うと、上流に位置する目的（戦略）をまず定めて、「そのために何をすべきか」という順序で考えるべきなのに、**スタートが「試験ありき」の戦術中心の発想**になってしまっています。**試験はあくまでも「学問を通じて人間を育てる」ための〝手段（戦術）〟であり、〝目的〟ではありません。**

これは企業の採用試験や研修でも同じことが言えます。

例えば「思考力のある人が欲しい」「企画力のある人が欲しい」「リーダーシップのとれる人が欲しい」という企業側のニーズがあり、「従順なだけの人は欲しくない」というのであれば、従順に知識を覚える試験ではなく、思考力が問われる試験に変えたほうがいいでしょう。そして、それを正当に評価できる試験官をつくるべきだと思います。

試験が「身分を取得する機会」になってしまっているから、必要以上に「機会の平等」「公平公正」が社会で重視され、試験をつくる側も「みんなが一斉に同じタイミングで同じ試験を受けなければいけない」という発想にとらわれ過ぎています。

問題の内容も**「欲しい人材像」を明らかにしてから逆算して問題をつくるべき**です。それに取り組むことで試験を受けた人間が「欲しがられる人材」として伸びるような問題にしないと、試験勉強に費やす努力がもったいないと思います。

ルールは「上」から与えられるもの？

日本人とルールの話に戻すと、日本人は前述の通り「法律を役に立たないもの」と見なす一面がある一方で、**「ルールを絶対視」する一面**もあります。言葉にすると矛盾が生じているように思えますが、例えばこういうことです。

1998年の長野オリンピックのスキージャンプで日本代表が金メダルをとった直後、国際スキー連盟によってルールが変更され、そこから日本代表はなかなか良い結果を出せなくなった時期がありました。また、柔道の国際試合でも、日本人の勝利が続くとたびたび欧米諸国主導でルールが変更され、日本代表は新ルールへの対応に悩まされてきました。その他、日本が活躍している競技で同様のルール変更の事例は珍しくありません。

こうしたニュースに触れた時、みなさんはどう感じるでしょうか？

「ルール変更とは、なんて卑怯《ひきょう》なことを！」と思われる方もおそらく少なくないでしょう。実際、長野オリンピックの直後のルール改正では「欧米による日本イジメだ！」という声もよく聞こえてきました。

これが日本人の「ルールを絶対視」する一面です。

一方で欧米人は、**「〝神様のつくったルール〟は絶対に変えてはいけない、いや変えることは叶わないけれど、〝人間のつくったルール〟なら自由に変えていい（むしろそうしなければより良いものは生まれない）」**と考えているので、当たり前のようにルールを変更します。

日本人はこの発想をよく理解していないので、**「試合外のフィールド」での勝負に負けてしまっているのです。**スポーツに限らず、ビジネスや外交においても同様です。

ならば、日本も国際的な「ルールづくり」にもっと積極的に取り組んで、自分たちに少しでも有利になるようなルールに変更すべきなのですが、そうはしません。「相手がルールを変更してこようとも、こちらは正々堂々と戦うだけだ。とにかくがんばれば、きっと結果は後からついてくる」という発想で、**自分たちに不利なルール変更をすんなり受け入れて戦おうとします。**ちなみに、ルール変更する側の理屈は、**「ある特定の人種や国が勝利し続けるのは公平・公正な競争ができるようなルールになっていないからだ。どこかが不公平・不公正なルールになっているので、変更しなければならない」**です。

明治維新の時にフランスの民法を日本向けにアレンジすることなくそのまま受け入れたのと同様、**「ルールづくり」自体には無関心**なのです。

すでにお気づきかもしれませんが、「憲法」に関しても同じことが言えます。

日本人にとって2つの憲法（大日本帝国憲法、日本国憲法）は、国民がつくったという手続きではなく、ある意味（「上」もしくは「外」）から与えられた存在でした。今日にいたるまで、一般国民が自分たちの手で憲法をつくった経験がありません。

歴史的に見ても、日本人にとってルールは「上」から与えられるものだから、ルールを絶対視する一方、ルールづくりには無関心なのではないでしょうか。

国際社会はルールづくりの「フィールド」にすぎない

欧米に限らず、国際社会の多くの国々は、このようなルール変更を「卑怯だ」とは考えません。「人間のつくったルールは完璧ではない。だから、偏った結果が出た時にはルールを変えなければならない」というのが世界標準の考え方です。そういう文化があることを知らないで、一所懸命ルールのなかで個別最適を追求しても結果は出にくくなります。スポーツの世界だと、**「試合以外の戦いのフィールド」があることを知っていないと、いずれその競技は低迷期を迎える**ことになります。

国際社会は、日本人に絶対的なルールを与えてくれる「上」ではなく、ルールづくりに参加

するための「フィールド」にすぎません。

「相手がズルいことをしても、こちらは正々堂々とやるだけだ。そうすれば結果は必ずついてくる」という発想は、日本では一般的に賞賛される考え方だと思われます。

しかし、チームとして勝つことを目的としている以上、それは全体最適を追求する姿勢ではありません。もし仮にそれで結果を出しているチームがあったとしても、その時のルールが自分たちにたまたま有利な設定になっていたとともに、優れたエースプレイヤーがいるなど、**「偶然の産物」にすぎないケースがほとんど**です。

ここでも日本人は、組織的な力を発揮して問題を解決するのではなく、「優れた個人」に頼ってしまっているのです。

日本のいたるところで見られる「作戦術」思考の欠如

「作戦術」思考で柔道のケースを見てみましょう。

柔道ではポイント制が導入されて以降、レスリングのようにポイントを奪いにくる欧米人の柔道に、多くの日本人選手が苦戦を強《し》いられる時期が長らく続きました。その一因としては、日本人選手がルール変更後も従来通りの「一本をとる柔道」で戦い続け、「ポイント重視の柔道」に対応しなかったことがあげられます。「ルールを勝ちにつなげる」という欧米の発想に対して、日本人は「一本をとることこそが本来あるべき柔道だ」という発想で勝つことよりも本来の柔道で戦うことにこだわったのです。

こういう場合、「作戦術」思考では、**まず戦略（目的）を明確にしなければなりません。**

例えば、「勝つための柔道」なのか、それとも「魅力を伝えて世界に広めるための柔道」なのか――後者だったら「一本重視の柔道」でもよいでしょう。前者であれば「一本重視の柔道」では戦術が戦略にマッチしていません。

勝利が目的なら、まずは勝つことに全力を集中すべきです。もちろん日本は「一本重視の柔道で勝つ」を目指していたのだろうとは思いますが、外国人選手の勝ちに徹底的にこだわる柔道に対して勝利することも、一本をとることも難しく、二兎《と》を追って一兎も得ないということになってしまいます（ただ、最近の柔道の国際ルールは、ポイントよりも技ありや一本を重視するように改正されました。日本柔道界による国際ルールを変える戦いが功を奏したのではないかと思えます）。

柔道以外の競技でも同様です。

目的を明確にしないと、チームの戦略に戦術（選手個人の戦い方）が結びつかなくなります。目的が明確でなければ、選手の努力を集中させることも難しくなるため、個別最適の追求も難しくなります。偶然そのルールに適した選手が登場して活躍するケースはあるにしても、チームとして継続的に勝ち続けることが難しくなります。ようするに、結局は「優秀な個人頼み」になってしまうということです。

余談ですが、スポーツ以上にこの「優秀な個人頼み」の問題が深刻になっているのが学問の世界です。今ではノーベル科学賞の分野も「優秀な個人頼み」になっているという指摘もされています。

科学・研究費の確保や人材の育成確保が大きな問題となる以上、ここでもまず重要なのが「明確な戦略」であり、その目標達成に向けて戦術（手段）をコントロールしていく「作戦術」思考です。「日本はこれからどんな科学技術を柱にしていくべきか」という国家戦略がなければ、どこに投資すべきか定まらず、研究者にとって良い環境もつくられていきません。

学問の世界でもまた**「作戦術」思考の欠如が深刻な問題を引き起こしている**のです。

日本が明治維新で輸入し忘れた欧米の社会科学的思考力

科学というものは、ガリレオなどの時代には「発見」するものでしたが、現在では**「創り出すもの」**という一面もあると私は認識しています。**仮説を創作し、それを証明することで新たなものを創り出し、新たな未来を開拓していくのが科学**でしょう。トフラーの「第三の波」という仮説をもとに「未来の軍隊」を創り出そうとした米軍の発想は、社会科学的な思考だと言えるでしょう。それは**「人間がつくったものは人間が変えることができる」**という考えに基づいています。この社会科学的な思考も、先に見た資本主義の精神や民主主義の基盤と同様、**日本人が明治維新の時に輸入し忘れたソフトのひとつ**だと思います。

キリスト教世界には「神様が創った自然法則（引力や寿命など）は人間には変えられないけれど、人間がつくった法律・慣習などは人間が自由自在に変えて、より良いものにつくり変えることができる」という発想があります。

社会科学的な思考力を養うには、この**「人間が変えられる範囲」を常に認識しておく**ことが重要です。

例えば組織を改革する場合でも**「組織のどの部分を誰の権限で変えることができるのか」**を

意識するとともに**「何かを変えた時、それに連動して次に何がどう変化するのか」**まで予測しておく必要があります。

つまり、作戦術における「重心」への攻撃と同様に、**あらかじめ対象となるものの全体的な仕組みを把握して、「変化のメカニズム」を解明しておくことが大切**だということです。

例えば、かつて中国の王朝が長きにわたって採用していた科挙という官僚登用の試験制度がありました。とてつもなく難関だったことで知られる試験制度です。

推挙や選挙では、どうしても有力貴族の子弟が有利になるので、実力のない者でも高級官僚として登用されるようになります。一方、科挙は試験で選ぶものであるため、門戸に関係なく優秀な人材を登用できます。

科挙は随の時代から始められ、12世紀までは、科挙で選ばれた官僚に責任感も決断力もあったため、国を支える人材の優れた選び方として、欧州からも賞賛されていました。

しかし、明の第3代皇帝・永楽帝（在位１４０２~１４２４年）が国の隅々から人材を選定するために、受験用参考テキストを作って中国全土に配布し、さらに答案の書き方まで示したことから、科挙制度に大きな〝変化〟が起こります。

科挙に受かって権力と膨大な財産を得たい人々は、物心のつく頃から「試験テキストの丸暗記」を行うようになったのです。

その結果、科挙は**「儒教の真髄を学んだ者だけが合格できる試験」**から、**「暗記の努力をした者なら合格できる試験」**へと変わってしまいました。そして、人生において記憶することだけに努力を傾注して科挙に合格した結果、科挙合格者には保身的な性格が強く、決断力のない人材が多くなります。ひと言で表すと「堕落」したわけですが、それでも科挙制度は、永楽帝の改革から700年近くも続き、日清戦争で敗北するまでやめることはできませんでした（1905年に廃止）。

「人間が変えられるもの」を変えるとどのような変化が起こりうるのか——変化のメカニズムと未来の予測を踏まえた改革の重要性が、この科挙の失敗例からもよくわかります。学歴という〝身分〟を取得するための今日の日本の入試制度や試験内容も、「堕落」した科挙にやや近いものがあるのではないでしょうか。

ひとつを変えると、その影響を受けて他も変化します。その「変化のメカニズム」を見抜くことができてこそ、社会科学的な変革を担うことができます。そこで求められるのは「本質を見抜く力」であり、「作戦術」思考そのものなのです。

第5章

「作戦術」思考の事例集

具体的な事例で「作戦術」思考の理解を深める

最終章となる本章では、その取り組みや考え方に「作戦術」思考が見られるさまざまな事例を紹介していきたいと思います。

あくまでも私の視点ではありますが、日常生活において私がどのように作戦術的な発想で物事を観察して考えているかを詳しく書いたつもりなので、より具体的に「作戦術」思考のイメージをつかむ参考にしていただければ幸いです。

ただ、いずれの事例も、私自身が内情全てを把握しているわけではなく、テレビや雑誌、書籍、インターネットなどの公開情報をベースにしています。**それらの情報が事実であると仮定した上での考察**だという点をあらかじめお断りしておきます。

事例① 青山学院大学駅伝チームを率いる原監督によるチームビルディング

「チームの勝利」よりも「人間育成」

青山学院大学陸上競技部の原晋《はらすすむ》監督と言えば、かつては「弱小」と言われた同大学の駅伝チーム（以下、青学駅伝部）を箱根駅伝の「常勝軍団」に育て上げた立役者として知られています。

過去のインタビューによると、原監督は2004年に監督に就任した時にまず**「箱根駅伝を通じて社会に有益な人間をつくる」**という理念を掲げました。

「人として成長させてあげられるかどうか。駅伝に勝った負けたということではなく、箱根駅伝というステージを利用しながら、部の取り組みを通じて様々なことを学ばせ、社会に役立つ立派な人間に育てるというものです」（https://www.aig.co.jp/kokokarakaeru/talk/hara01）

これはまさしく**ビジョン**であり、**戦略目標**です。

駅伝などの競技では、一般的に「速く走れる選手」の育成に特化してマネージメントしがちですが、原監督は**「陸上競技はあくまでも人間育成の手段である」**と位置づけています。「作戦術」思考からみて、非常に明確で高いビジョン、戦略目標を設定されていると思います。

また、このインタビューでも述べられているように、原監督は、自分たちのチームの勝利だけを目指しているのではありません。自ら積極的に情報を発信することで、陸上競技に興味を持つ人を増やし、陸上を通じて自分を鍛えていく文化をもっと日本に根付かせようとされています。つまり、陸上競技そのものを盛り上げるための努力もされているわけです。これは、陸上競技というものがいかに人間育成の手段として優れているかを熟知している方ならではの発想でしょう。陸上競技を愛し、競技全体のすそ野を広げていこうとする姿勢が、人間育成の土台をより充実させるすばらしい活動へとつながっていると思います。

自分たちの勝利のみを追求し続けてがんばっていると、どうしても次第に閉鎖的になっていきます。その努力と成功は、短期的には注目され、賞賛を得るかもしれませんが、**閉鎖的なチームや組織、社会は長期的に見た場合、ほぼ必ずと言っていいほど衰退する**ものです。

《《《 コミュニケーションの活発化で「組織知」を形成

では、「陸上競技を通じた人間育成」という戦略目標（ビジョン）を達成するために、原監督は、どのような練習で選手を育ててきたのでしょうか？「作戦術」思考で言うところの「戦略に基づいてどのように戦術をコントロールしてきたのか」を見ていきましょう。

先のインタビュー記事のほか、著書や動画などでも語っていらっしゃるのですが、原監督が監督就任後にまず選手たちに徹底させたのが**「規則正しい生活」**です。良い競技者というのは、そもそも普段の生活がきちんとしていて、自己コントロール力がある、と原監督は強調しています。

そして、基本的な方針として、**体罰を禁止**したほか、一般的な体育会系の部活でよくみられる**「先輩が後輩を服従させる習慣」も禁止**しました。

一方、選手たちには、練習内容も含め、とにかく**「自分で考える」ことを習慣化**させたと言います。

これにより、先輩・後輩の垣根が低くなって話しやすい雰囲気が生まれ、自分で考えるようになった選手たちは「効果的な練習法」や「疲労を回復させる休息法」、「故障した時や身体に違和感がある時の対処法」などに関する情報交換を選手間で活発に行うようになりました。

チーム内のコミュニケーションがスムーズになった結果、**各選手が「暗黙知」として蓄えてきたノウハウが「形式知」として情報交換されるようになり、チームの「組織知」になっていったのだと思われます。**

失敗を糧にしたチームビルディング

とはいえ、原監督のチームビルディングは最初から順調だったわけではなく、さまざまな失敗もあったようです。

例えば、チームの成績を上げるために、協調性よりもタイムを重視して選手をスカウトしたこともあったと言います。

確かにそれによってチームの平均タイムは上がりましたが、その選手の生活態度の悪さ、協調性の欠如などがチーム内に伝播するようにもなったそうです。**個別最適（戦術）を優先して全体最適（戦略）を崩してしまう典型的なパターン**だと言えます。

結局その選手は自ら退部したらしく、その後、原監督は協調性や素直さなどを重視して選手を集めるようにしたそうです。この失敗体験が今の青学駅伝部の目指すチームビルディングにつながっているのだと思います。

「組織知」の蓄積には10年はかかる

青学駅伝部は、箱根駅伝では2015年の初の総合優勝を皮切りに4連覇を達成し、それ以降も優勝や上位入賞など華々しい成績をおさめてきました。

メディアを通じてその成功が大々的に報じられてきたため、「原メソッド」がまるで魔法のように短期間で青学駅伝部を「常勝軍団」にしたかのように思われがちですが、決してそんなことはありません。

先に見た選手スカウトでの失敗例もあったように、原監督が就任してから数年間は予選会突破も果たせない状況でした。そして、予選会を突破して本戦に出ても、シード権が取れない順位に甘んじざるを得ない状況がしばらく続きました。

原監督が青学駅伝部の監督に就任したのは2004年のことです。青学駅伝部が箱根駅伝で初の総合優勝を果たしたのは2015年ですから、**実に10年以上も「雌伏《しふく》の時」を過ごしていたことになります。**

先に見た選手の意識改革と地道な努力を何年も続けた結果、ようやくシード権を取れるチームに成長しました。そして、さらにその努力を工夫しながら継続することで、初の優勝から連覇を達成できるまでのチームになったのです。たまたま優秀な選手が在籍していた時期だけ強いチームになっていたわけではありません。**個人個人のレベルがどれだけ高くても、それだけでは強いチームになるとは限らない**のです。

組織というものは、**組織に根付いた伝統文化をもとにして、個人が個の力を伸ばし、さらには個を足した以上の力を発揮する**ようになり、チーム力が向上していきます。この伝統文化の形成、つまり**ノウハウ、組織知（形式知）の蓄積にこそ、最も時間がかかる**のです。

選手集めやチームの体制づくりなど、ハード面の整備は時間的には1年や2年という単位でできることが多いと思います。

しかし、私の個人的な経験も踏まえた感覚で言わせてもらうと、**あるレベルに到達するための組織知の蓄積には、10年はかかります。**

実際、原監督のように、明確なビジョンと実行力を持っている有能なリーダーでも、箱根駅伝優勝という高いレベルに到達するまで、組織知の蓄積・熟成には10年以上かかっているのです。

「第三の波」のチームが「第二の波」の世界で巻き起こした旋風

原監督の強みは、選手時代にいわゆる「超一流の選手」ではなかったことにもあると思います。もちろん、将来を嘱望される「努力と工夫をする優秀な選手」だったことに間違いはないようですが、怪我が原因で選手生命が短期間で終わってしまいました。27歳で現役を引退してビジネスマンとなり、極めて優秀な営業マンになったと言われています。

つまり、個人的な失敗体験と成功体験を暗黙知として十分に保有した上で、37歳の時に青学駅伝部の監督に就任し、サラリーマン時代の経験も含め、それまで培ったさまざまなノウハウをチームビルディングに活かしたというわけです。

監督就任までの約10年間は陸上界から離れていたそうですが、それもまたよかったのでしょう。監督として久しぶりに現場に戻ってみると、陸上界の古い体質（選手を褒めることのない、上意下達の一方的な指導。原監督の小学校時代から変わらないウォーミングアップ法や、腕立て・腹筋・背筋が主体の補強運動）が10年経ってもそのまま残っていることを知り、「これは何とかなる、勝てる、強くなる」と実感したそうです。

その後、原監督が10年以上かけてつくり上げた青学駅伝部は、まさに**ミッションコマンド型の「第三の波」のチーム**の**完成形**だと言えます。だからこそ**「第二の波」が主流だったと思われる陸上界で旋風を巻き起こすことができた**のではないでしょうか。

青学駅伝部のチームビルディングで原監督の個人的な優れたノウハウが活かされた裏には、ご本人も意識されていないと思いますが、まさしく「作戦術」思考があったのだと思います。

事例② 帝国ホテルのスポーツジム、プール、サウナの運営

ホテルのサービス精神でジムを運営

続いて、帝国ホテルのスポーツジム、プール、サウナの運営について述べてみたいと思います。

帝国ホテルと言えば、日本のホテルの老舗中の老舗であり、クリーニングだけを見ても、キアヌ・リーブスが出演した映画『JM』のなかで、「クリーニングを頼みたい。帝国ホテルで

頼むようなクリーニングだ（I want my shirts laundered like they do at the Imperial Hotel in Tokyo.）」とアドリブで言った台詞で話題になるくらいの各種サービスレベルの高さです。

しかし、コロナ感染拡大を受けて、ホテル業界は大変な危機を迎えてしまいました。帝国ホテルも例外とはいえず、客室に空きが多く出ました。

そこで、2021年から「ホテルに住まう」をコンセプトに「帝国ホテル サービスアパートメント」という新しい事業に取り組みました。一般的なサービスアパートメント（アパートやマンションのように賃貸契約を結んで入居し、ホテルのようなサービスを受けられる住居）で行われているような不動産契約ではなく、通常の宿泊のような比較的簡単な利用手続きで、1週間なり1か月なりを帝国ホテルで過ごせるというサービスです。実は私も利用したことがあります。

帝国ホテルは、事業を開始するにあたり、タワー館の客室3フロアの一部を改修し、99室をサービスアパートメントとしました。同じタワー館には、スポーツジム、プール、サウナがあります。1か月をホテルで過ごすには欠かせない施設です。

コロナ禍以前は、外注で運営していたとのことですが、現在は帝国ホテルが運営し、ジム内のスタッフも帝国ホテルの従業員が就いています。「ホテルマンやホテルレディにスポーツジムの運営ができるのか?」と思われるかもしれませんが、見事に運営されています。アメリカのホテルなどのジムは、スタッフがいないことが多く、片隅のテーブルの上にペットボトルの水とタオルが無造作に置いてあるだけで、器材も修理中というのが必ず1つや2つは目につくのですが、帝国ホテルのジムではそのような光景は見られません。

「お客様にひたすら謝る」はNG

2023年1月現在、帝国ホテルがジム等を直接運営し始めて2年ほど過ぎていますが、この充実した運営には、実はとある女性マネージャーの存在があります。帝国ホテルという組織の一員であり、公人ではないので名前は出せません(名前を出さないという約束で、本書のためにインタビューさせていただきました)。

彼女は、このジムの立ち上げ前にはJRに出向していたらしく、**今ではJRの目玉事業になっている豪華旅客列車運行立ち上げに参加していた**とのことです。

本題からは少しそれますが、面白いお話だったのでそちらも紹介させていただきます。

鉄道は、乗客の安全が第一優先であり、確実に時間通りに乗客を運ぶことが使命です。

一方、豪華旅客列車は、安全はもちろん大事ですが、別の要素、すなわちお客様に対するサービスが〝売り〟になります。ある意味、**「動くホテル」**です。

当然、そのマネージャーはホテルのサービスをJRに根付かせるために請われて出向しました。JRが豪華旅客列車のために立ち上げたチームを「動くホテル」の運営スタッフにしなければなりません。

そもそもJRの研修体制は極めて充実しており、従業員の教育体制自体には非の打ち所はありませんでした。ところが、そこには「ホテルマインド」（ホテルのおもてなし精神）を育成する教育プログラムはなかったようです。

また、JRには、その「硬派」なイメージ通り、旧国鉄時代の「官」の文化が色濃く残っているところもあり、毎日が意見の衝突で大変だったと言います。

なかでも最も大変だったのはホテルサービスの真髄を伝えること、すなわち**豪華旅客列車にとっての一丁目一番地となる「ホテルマインド」を浸透させること**でした。そのためにさまざまなケーススタディを繰り返したそうです。

例えば、列車内の個室でシャワーが壊れてお客様が洋服を着たままでびしょ濡れになってしまい、列車乗員にクレームを言ってきたらどうするか。

この想定に対し、当時のJR社員の答えは「お客様に向かってひたすら謝る」だったそうです。私も「官」の世界にいた身なので、このような対応をしてしまう文化はなんとなく腑に落ちるものがあります。

しかし、マネージャーによると、これは**NGの最たるもの**でした。彼女はこう指導したと言います。

「お客様は、そもそも謝り続けてほしいのではありません。〝今〟、服が濡れている状況から早く脱したいのだから、その解決に向けて全力を傾けるべきです」

このようなケーススタディを繰り返し、JR社員たちに「最も大事なお客様のニーズに瞬時に応える」というホテルマインドを浸透させていったそうです。

今でこそJRの豪華旅客列車は目玉事業になっていますが、そもそもまったく異なる2つの企業文化を融合させる困難さは筆舌に尽くしがたいものがあったと思います。一方で、それらをうまく融合できた先には、素晴らしい新文化が生まれることをマネージャーの貴重な体験談から気づかせてもらいました。

ホテルマインドによるミッションコマンド

その後、帝国ホテルに戻ったマネージャーは、今度は同ホテルのスポーツジム、プール、サウナの自力運営の立ち上げをリードしました。コンセプトは「ホテルのサービスでジム、プール、サウナを運営する」です。

ここからは実際にそれらのサービスを利用した私自身の個人的な感想も加わりますが、確かに、きれいなタオルがふんだんに使われ、受付、運動場所、貸し出しウェア・シューズ、ペットボトルの提供、器材等の消毒などもホテルならではのサービスが徹底されていました。

ジムの部屋も豪華かつ高級感があります。ジムにいるスタッフは、運動しているお客様の目線を邪魔しないような動きで、お客様の使用後の器材の消毒をしています。それも、器材使用後直ちにではなく、お客様が次の運動に移ってから、さりげなくコロナウイルス感染防止のためのアルコール消毒をするのです。運動器具の使用直後に消毒されると、お客様に「俺がまるでウイルスを持っているとでも」という気持ちを抱かせてしまうかもしれません。そうならないようなタイミングで消毒するわけです。

プールでも同じような配慮が行き届いています。特に女性用の貸し出し水着は帝国ホテル専用のデザインで、体形を気にする女性でも安心して着用できるつくりになっているとの感想を妻から聞きました。

そもそも帝国ホテルではホテルマインドを従業員に根付かせる教育体制がしっかりと確立されていますが、そのノウハウがこのジム、プール、サウナの運営にも活かされています。「作戦術」思考で見ると、**コンセプトとして掲げられた「ホテルのサービスでジム、プール、サウナを運営する」はこのジム、プール、サウナ運営チームの戦略目標にあたり、各チーム員は、ホテルマインドを軸に、戦略目標から外れることなく自主積極的に業務を行っています。**まさにミッションコマンド型のチームビルディングが成功していると言えます。

組織知をつくる実務研修

帝国ホテルの実務研修では、新人がベテランのすぐ側について接客を見学し、ベテランの技術を肌で感じ取り、お客様の反応までを追体験しています。そうすることで、**ベテランが暗黙知として蓄積してきたホテルマインドを形式知にして新人にも習得させ、組織知を形成しているのだ**と思います。こうして100年以上にわたり、ホテルマインドという究極のサービスを全スタッフに行き渡らせているのです。

このホテルマインドの形式知を、前出のマネージャーは見事にJRの豪華旅客列車の運営チームに伝えることに成功しました。そして、帝国ホテルでのジム、プール、サウナ運営のチームビルディングも見事に完成させ、維持発展させています。

どちらにも共通して言えるのは、各チーム員がホテルマインドをもとに自主積極的に動くミッションコマンド型のチームになっているということです。

ミッションコマンドとそれを成り立たせるマインドは、「作戦術」思考のチームビルディングで最も基盤となるものです。こちらの女性マネージャーは、おそらく作戦術という言葉はご存じないとは思いますが、「作戦術」思考を見事に実践されています。

新しい勤務形態で新しい〝やりがい〟を創出

最後に余談ですが、帝国ホテルに滞在中、ジムでスタッフをしている若い女性に「スポーツジムでの勤務は、本来のホテルのフロントなどの勤務とかなり違うと思いますが、ここで勤務するのはどう感じていらっしゃいますか」と聞いたところ、思いがけない回答をいただきました。

「ホテルのフロント勤務は、ビジネスの方が多くて大抵は急いでいらっしゃいます。なので、余分な会話はしないで、手続きをできるだけ迅速・確実にすることが重要です。しかし、このジム、プールに来られるお客様は皆様リラックスして余裕もあります。ちょっとした会話や、時には個人的な話にまで発展することもあり、とても楽しいのです」とのことでした。

ジムのスタッフは、ホテルのスタッフのような格好良いスーツ姿ではなく、ジャージを着用しての勤務です。もしかしたらそれに不満を感じているスタッフもいるのではと思ったら、これまでのホテル勤務では味わえない体験――お客様と会話を交わして顔見知りになり、親しくなれるという特別感がジムのスタッフの〝やりがい〟につながっていることがわかりました。

また、このジム勤務には、お客様との短い気の利いた会話ができる能力を伸ばす機能もあると思います。おそらくは今後、人事異動などを通じて、気の利いた会話のできるスタッフがホテル内にさらに増えていくことでしょう。帝国ホテルスタッフのホテルマインドにさらに磨きがかかることを確信できる回答がいただけました。

事例③ 外資系物流企業から学ぶ「作戦術」思考

「日本人の価値観」を企業の組織知に

外資系企業の事例も見てみましょう。世界有数の規模を持つドイツの国際物流会社DHLの日本法人のケースです。

DHLジャパンの代表取締役社長トニー・カーン氏は、パキスタン生まれです。国際物流業界における34年のキャリアのうち、日本での通算在住年数が22年に及び、日本語も極めて堪能です。2020年1月の社長就任以来、日本で数多くの基幹施設をオープンし、拡充を手がけてきました。そのカーン氏が**日本の価値観をいかに企業内に取り込んだのか**を見てみます。

DHLジャパンは、1972年に日本での事業を開始しています。そもそもDHLのようなグローバル企業は、ドイツ型のやり方で世界の物流を取り扱い、ドイツ型でグローバルな標準化をしているのだろうと私は思っていました。

しかし、カーン氏のインタビュー記事を読むと、「グローバル企業がそれぞれの国で成功するためにはその国に合ったやり方をまずは設定するべきだ」という考え方で日本でのビジネスを展開していることがわかりました。

インタビュアー：日本でのビジネスについてですが、日本の顧客はかなり要求が多いと認識しています。物流会社にとって、それは何を意味するのでしょう？

トニー・カーン：日本のお客様は「要求が多い」というより、「品質に敏感」ということだと思います。荷物のどんな詳細にも気を配るということです。

購入したペンを荷物として受け取るに際して、他の国のお客様はなかに入っているペンが傷もなくきれいになっていれば満足なのです。入れていた箱ははっきり言ってどうでもよいのです。

しかし、日本のお客様は、外側の箱もとても重要なんです。日本のお客様がペンを受け取るときに外側の箱の汚れや濡れや破損しているものは受け取りたくないからです。

ですから、日本で事業運営や事業展開が成功すれば、世界中すべてのお客様を満足させることができるのです。

では、どうやって確実に品質を維持し続けるかですが、当社には独自の社内研修プログラムがあり、従業員を同じ研修内容で教育しています。CEOである私と配送ドライバーが受ける研修内容はまったく同じなのです。集荷の方法、荷物の配達方法、荷造りの仕方などを教えるのではなく、お客様にサービスを提供する方法を教えているのです。情熱を保ち、敬意を払って結果に重点を置くこと、ささいなことにも気を配ること……。いわば考え方ですね。ものの考え方であり、価値観です。

当社は価値観を重視していて、あらゆる会議や研修においても、企業価値についての話が中心で、売上などの数字についてそれほど話すことはありません。

私たちにとって、最も価値があるのは、人と人をつなぐこと、人々の生活を向上させることです。私は物流業界に身を置いているのではなく、人と人をつなぎ、人々の暮らしを良くする業界にいるのです。

〈NHK『ラジオビジネス英語』テキスト2023年1月号より筆者要約・意訳〉

以上のインタビュー内容について、「作戦術」思考に基づいて何が言えるかを考えてみたいと思います。

カーン氏は、戦略目標として**「企業の価値観」を重視**しており、その企業価値とは**「人の生活を向上させること」「人と人とをつなぐこと」**としています。決して、**手段である「荷物の配送」を最上位には置いていません。**

また、その価値観を形式知として、全員が受ける研修内容として理論化しています。すなわち、組織知として明確に形になっており、**社長をはじめすべての従業員が同じ教育を受けてその価値観を共有する**ようになっているのです。

その理論のベースとなっているのは、なんと日本人の価値観です。

カーン氏は、「日本のお客様」が荷物の外側の箱（ペンなどの場合はおそらく外箱の配送用ダンボール箱ではなく、内箱のいわゆる化粧箱・個装箱のことだと思われます）の状態まで気にしていることを受けて、「日本で事業運営や事業展開が成功すれば、世界中すべてのお客様を満足させることができる」と断言しています。

つまり、**日本人の価値基準を外国人であるカーン氏が自社の形式知として見事に理論化し、すべての従業員に対して同一の研修プログラムによって教育している**のです。

我々日本人は、私も含めておそらくほとんどの方が、「送ってきたペンだけでなく外側の箱も重要だ」ということには腹の底から賛同します。

しかし、これをもって形式知化しよう（研修内容に理論化して盛り込もう）とするでしょうか。はっきり言って目からうろこです。こんなところに日本人の物流に対する価値観を我々は見出すことができるでしょうか。まず、気づかないことです。

カーン氏が**外国の文化や価値観を持っていることがアドバンテージとなり、「外側の箱を重視する日本人の価値観」を物流の価値観として見事に形式知化できた**のでしょう。

日本の「正確過ぎる技術」があだとなることも

カーン氏のインタビュー記事を読んで、日本人の気質について思い出したことがあります。外国が開発した対戦車兵器をライセンス生産できることになったある防衛関連企業の営業部長クラスから聞いた話です。部長は次のように語ってくれました。

「設計図を取り寄せて、その通りに装備品として製造していましたが、なぜか砲弾の発射後の信管作動のタイミングがずれました。どれだけ発射実験をしてもやはりずれました。製造は設計図通りで寸分も違っていないことを何度も確認しました」

「遂に原因がわからないので、開発した当該国の担当企業を訪れて原因究明しましたところ、開発国の企業では品質管理上ほどよい誤差が生まれており、それによって信管作動のタイミングが諸元通りになっていることがわかりました。一方、我が社は誤差がなさ過ぎることが原因となって、規定通りの信管作動のタイミングにならなかったのです」

ようするに、**日本の「正確過ぎる物づくり技術」があだとなっていた**のです。

日本人の仕事に対する真面目で几帳面な性格が「当たり前」だと思っていた結果、そうではない世界があることに自分からは気づけなかった事例だと言えるでしょう。

先ほどのカーン氏の発想が日本人にとって目からうろこだったのと同様、当たり前だと思ってしまうと気づかないことがたくさんあります。また、**当たり前だと思ってしまっていることに対しては「形式知化しよう」「理論化しよう」というインセンティブもなかなか起きない**のではないでしょうか。

人は何か他と比較することで理解が深くなります。**日本人の特性を理解するには、「外国人**

の目」を借りることは極めて有益でしょう。

これから先、日本の企業は、ますます外国人労働者の雇用が必要になるとともに、**「日本で働く労働者」としての教育**が重要になると思われます。そのためにも、各組織の価値観までを含めてノウハウなどを理論化して組織知として蓄積し、教育・研修システムを整備することが重要なのではないでしょうか。

事例④ 織田信長の「作戦術」思考

世界に先駆けて発揮された織田信長の「作戦術」思考

歴史に関する事例も紹介したいと思います。

第二章でも述べた通り、明示的に作戦術を使用したのは1920年代のソ連が最初です。

一方、暗黙的に作戦術を使用した（「作戦術」思考をした）と思われる例は、欧米諸国では

1800年頃のナポレオン戦争や1860年代の米国南北戦争だと言われています。

しかし、**それらにさかのぼること200年以上前、1560年の織田信長による「桶狭間の戦い」にも「作戦術」思考が見られる**と私は思います。以下は、数字や場所、人物、出来事等に諸説ある内容を多く含みますが、あくまでも「これが史実であれば」という視点による解釈です。

さて、桶狭間の戦いは、今川義元率いる軍勢約2~4万人に対して、織田信長の桶狭間における軍勢はおよそ2~4千人という規模でした。**戦力を比較すれば、10対1**です。これだけの戦力差がある場合、戦術的には、普通に攻撃を仕掛けるなどとんでもないことで、準備を十分にして防御に徹するか、あらゆる手段を使った奇襲攻撃しかあり得ないと思われるでしょう。

しかし、それは**消耗戦(敵軍の物質的な戦力を弱めて戦闘継続を不可能にするための戦い)を前提とした場合の話**です。

作戦術は、あくまでも機動戦(後方にある敵軍の指揮所や兵站施設を破壊して、敵の指揮・統制能力・士気等を弱め、戦闘継続の意思を失わせるための戦い)が主体であり、敵の急所となる「重心(Center of Gravity)」の攻撃・撃破を目標とします。この**重心さえ撃破すれば敵は機能しなくなる**からです。そして、それは少数劣勢でも勝利できる可能性を飛躍的に向上させる戦い方です。

今川義元に情報戦で勝利していた織田信長

今川家は、足利将軍家の一族であり、名門中の名門です。当主の今川義元は、一般的には「公家」のような軟弱な人物だとイメージされがちですが、実は「海道一の弓取り」と言われるほどの戦争巧者でした。また、智謀にも長《た》け、織田家にとって対今川の第一線の重要拠点・鳴海《なるみ》城を守る山口左馬助（教継《のりつぐ》）とその息子を謀略によって今川方に寝返らせています。なお、この寝返りは山口父子が「うつけ者」の織田信長を見限ったとする説もありますが、いずれにせよ今川義元の謀略活動能力は高かったというのが定説です。

一方で、織田信長は、寝返った山口父子は「織田方のスパイである」という情報を今川方に流します。その結果、今川義元は山口父子を殺してしまいました。織田信長は、老獪《ろうかい》な今川義元の謀略をも超える情報戦を仕掛けていたわけです。

この山口父子のエピソードについても諸説ありますが、史実であれば、**今川義元は織田信長の情報戦能力には気づかないまま戦いに突入した**ようです。もちろん、「強者」である今川義元の心のなかにも「うつけ者の織田信長ごとき」とあなどる気持ちがまったくなかったとは言い切れません。

信長は「うつけ者」を演じていた？

今川義元は、他の戦国大名に先んじて永禄3（1560）年5月に上洛を開始しました（上洛については否定説もありますが、史実であればこの一事だけでも今川義元が他の大名より先見性があり、実行力も優れていたリーダーだと言えます。ここでは上洛説をとります）。

京都を目指す今川義元にとって、その道中にある尾張は、見逃して通過するだけでもよかったはずです。「作戦術」思考では、目的である上洛を達成するためには必要のない戦闘は避けるべきです。しかし、今川義元は、宿敵の織田氏を撃滅する意志を持って、対織田の前線拠点である沓掛《くつかけ》城に入城。同じく前線の鳴海城、大高城の兵力を増強し、「桶狭間山」（場所は不明ですが高地と見られています）に本部陣地を設置して、織田方へ進撃する構えを完成させました。

圧倒的に戦力優勢だった今川義元は、これから織田信長軍に対して攻撃するのみで、**自分たちがよもや攻撃を受けるとは思えなかった**かもしれません。

一方、織田軍は、清洲城にて、明日にも今川義元の総攻撃が行われるという日に軍議を開いていました。しかも、織田信長は、作戦に関する話をまったくすることなく、雑談のみで軍議を終わらせたと言います。重臣たちも「運の尽きる時は知恵の鏡が曇るというが、今がまさにその時だ」とあきれ果てていたようです。これには、今川方のスパイから自軍の情報を守ろうとする意図があったのかもしれません。あるいは、「やはり織田信長はうつけ者である」と敵を油断させる思惑があったのかもしれません。

同年5月19日の夜中に今川軍が織田軍の砦に攻撃を仕掛けたとの情報が入ると、信長は『敦《あつ》盛《もり》』の舞を踊り、終わるやいなや、馬に乗って出陣しました。ドラマや映画でも有名なシーンです。

兵士の好き勝手な行動を制して「重心」打撃に集中

開戦当初は、**織田軍の連敗続き**でした。

そうした状況のなか、織田信長は、**敵の「重心」である今川義元の首を取ることのみを目指し、敵の本陣である桶狭間山に進撃**しました。一方この時、今川義元は、戦勝に奢り、酒にも酔っていたと言います。

この絶好の機会に織田信長が敵陣に向かう最中、天候が悪化し雹《ひょう》が降ったと見られる記録があります。そんな偶然が起きるのかと思ったのですが、似たような天候が実際に、昨年の2022年6月、埼玉県で直径5㎝を超えるような雹が大量に降り、家の屋根や車のボンネットが被害を受けました。永禄3（1560）年5月19日（現在の暦の6月12日）の桶狭間周辺でも同じような天候になったのだと推測します。

とにかく織田信長はこのチャンスを見逃すことなく、敵陣攻撃にあたり、部下に対して「分捕りするな、うち捨てておけ」と命令し、「戦に勝てば、この戦闘に参加した者は末代まで家の評価が上がるぞ。ひたすら戦闘に専念せよ」と訓示しました。

「分捕り」というのは、合戦の最中に敵の武器や鎧兜《よろいかぶと》などを戦利品として奪う行為です。当時の合戦では、戦闘に参加した兵士たちがおのおの好き勝手に戦利品を持ち帰り、利益を得るのが一般的でした。**織田信長は兵士たちにそうした好き勝手な行動をやめさせて、組織的に戦闘に徹するよう命じた**のです。

まっすぐに敵本陣を目指したのと同様、ここにおいても**目的達成のために今までの戦いの慣例をやめさせるなど見事に戦術レベルの行動がコントロールされています。**

日本人は高いポテンシャルを秘めている

繰り返しますが、織田信長の狙いは、敵の「重心」である今川義元ただひとりでした。情報戦を通じて今川義元の心までもコントロールし、織田信長に対する評価を低く保つことで、慢心状態をつくり出しました（諸説ありますが、これが史実なら、今日のいわゆる「認知戦」のはしりとも評価できます）。

そして、ここぞという時を見極めて、組織的戦闘集団となった織田軍を率いて機動戦を展開し、敵陣深く切り込んで「重心」を撃破したのです。その目的達成のために、部隊および個人のあらゆる行動をコントロールしていました。

これはまさに戦略と戦術とを結ぶ「作戦術」思考です。

ただ、現在の作戦術の重要な要素であるミッションコマンドに関しては、それらしき場面が史料には見当たりません。一方、部下たちが必要なタイミングで必要な情報を織田信長に提供したり、織田信長の命令通りに組織的な戦闘に徹したりしていたことなどから推測すると、信長は普段から部下とコミュニケーションしやすい環境づくりに取り組んでいたのかもしれません。

いずれにせよ、この桶狭間の戦いは、織田信長の「作戦術」思考が見事に発揮された事例だと私には思えます。

それは欧米諸国に先行すること、実に200年以上です。

このような先見性に優れた先人たちのDNAを受け継ぎ、彼らの活躍する豊かな歴史を〝資産〟として有しているわけですから、日本人のチームビルディング能力や「作戦術」思考のポテンシャルは非常に高いものがあると確信しています。

事例⑤ 「作戦術」思考のチームビルディングを「目安箱」で実践

優れたチームビルディングツール「目安箱」

次の事例は個別の組織や企業に関する話ではありません。日本でよく見られる取り組みについてです。

NHK朝の連続テレビ小説『舞いあがれ！』では、亡くなったお父ちゃんの工場を次いだ奥さんが、工場運営をよくするために従業員全員から意見を聞こうと「目安箱」を設置する場面がありました。この「目安箱」は、従業員が日々働いているなかで感じた率直な意見や要望を匿名で提出できるシステムです。日本のさまざまな団体、組合、企業などで実際に導入されているものなので、おそらくみなさんもよくご存じでしょう。実はこれが**「作戦術」思考でチームビルディングを行うための、極めて有効なツール**なのです。

これまで本書で何度も述べてきた通り、ミッションコマンド型のチームになるには、チーム員の一人ひとりが全体の戦略や目的・目標をしっかりと理解し、自主積極的に動くことが不可欠です。そのためには、リーダーが組織の戦略、目的・目標を示し、具体化し、チーム内で価値観を共有するようにして、チーム員同士がコミュニケーションを頻繁にとれるようにマネージメントしなければなりません。

一方、フォロワーである各チーム員は、自分が組織のために何ができるかを自ら考え、積極的に自分の役割を果たす必要があります。組織の方向性を理解しつつ、自主積極的に動くとともに、常にチームに改善点がないかにも気を配らないといけません。

そのような**ミッションコマンド型のフォロワーを育成するため、そして組織改善のために、「目安箱」は格好のツール**なのです。

「目安箱」の効果が出るかは運用次第

日本人は対面で理論立ててしゃべることが比較的苦手で、自分から主張することは遠慮しがちです。なので、「目安箱」で意見を提出する方法は理に適っています。ただし、その運用方法次第ではその効果を活かしきれないことがあります。

時として「目安箱」の運用は、投函された意見を担当者が採用・不採用に仕分けて、採用案だけを上司に届け、そのうちの有望なものだけ会議にかけて実現する、という段取りになりがちです。

では、不採用になってしまった意見とは、役に立たないものばかりなのでしょうか？

そんなことはありません。**不採用の意見のなかにも役立つ内容が含まれていることが多々あります。**

では、役立つはずの意見が不採用になるのは、「目安箱」担当者の仕分け能力に問題があるからなのでしょうか？

そういうわけでもありません。

一般的に改善意見は何種類かに分けられます。

物理的に何か改善する意見、例えば、○○の電球が切れているので付け替えてもらいたい。△△のドアの鍵が壊れているので修理してもらいたい……などは、不具合の物理的な改善を求めています。こうした意見は、事実認定さえ間違えなければ採用されやすく（担当者からしても採用しやすく）、すぐに実行することで、従業員の勤務環境改善に速攻で対応できます。

しかし、**運営や経営、労働環境などマネージメントに関する「目に見えないもの」を改善する意見、すなわちソフト面の改善意見については、採用か不採用かの判断が難しく、採用されたから即実行というわけにもいきません。**

問題を全従業員で共有し、問題解決に意識を向ける

「目安箱」に投函される意見は、改善についての意見が書かれているのが通常です。場合によっては、意見提出用紙のフォーマットがつくられていて、問題点とその改善意見を書かせる仕組みになっているものもあるでしょう。

もちろんそれでもよいのですが、より効果的に、組織改善のためにフォロワーの知見を最大限活用する方法がないかを考えてみましょう。

組織改善までの流れは、次の4段階に区分できます。

①問題点の指摘
②問題点の発生原因を突き止める
③発生原因を除去する、もしくは改善する方策を考える
④いくつかある改善方法のうちベストと思われる方法で改善を実行する

この各段階を丁寧に確認することが重要になります。

ここで参考にしたいのが、有名な電気メーカーの工場の話です。

その会社は、品質管理には自信があったにもかかわらず、どうしても品質管理基準外の製品が、決められた比率以上に発生していました。いくら社内や工場を確認点検しても原因がわからなかったのですが、その問題は従業員全員で共有していたそうです。

ある日、新人の女性工員が昼休みに出かけて工場へ戻る時、工場近くを走る電車の振動が問題の原因ではないかと思い、上司に報告してみました。それを受けて、上司は関係者を使って、電車の走る時間帯と基準外製品の発生率とを統計にまとめました。その結果、電車の走る時間に限って、基準外製品が発生していたため、電車の振動が原因だと判明したのです。
ようやく原因がわかったので、次は振動を止める方策として、電車の線路と工場の間に用水路を建設し、水を流して電車の振動が工場の敷地に伝わらないようにする、という方法を採用しました。すると、基準外製品はこれ以降ほぼ発生しなくなりました。

このエピソードからわかることは、**問題認識が全従業員に共有されていれば、従業員全員の意識がその問題点の発生原因を発見することに集中するために、より迅速に原因を発見できて次の段階に進む知恵が得られる**ということです。

後日談として、そこの工場の社長は、外国企業に対して、「日本の従業員は入社したての若い従業員でも、会社あげての問題について的確な意見が言えるぐらい忠誠心と研究心が旺盛であり、優秀である」と自慢したそうです。

役立つ意見なのに不採用になるカラクリ

この電機メーカーの工場のエピソードから言えるのは、

- **問題がはっきりすれば、その原因追及に全力投球すればよい**
- **原因がはっきりすれば、改善方策の検討と実行の可能性の追求に全力投球すればよい**
- **方策が決まれば、その改善手段を実行に移すことに全力投球すればよい**

ということです。

ここでポイントになるのは「**そもそも問題がはっきりとしているのかどうか**」でしょう。逆に言うと、**問題さえはっきりすれば、改善作業の半分以上が終わったようなもの**です。

つまり、**「目安箱の改善意見に問題点が明確に記述されているか」が目安箱を有効活用できるかどうかの分かれ道**になります。

目安箱に意見を提出する際には、先に見た4段階に沿った内容をすべて記述するのが理想的です。しかし、実際には、根本的な問題に関する部分を自分の頭のなかだけで考えて、問題点を記述することなく、提出意見書には改善意見だけを書く人も少なくありません。

すると、「目安箱」の担当者は、**その改善意見だけを見て、そもそもの問題点に気づくことなく、不採用と決定してしまいがち**になります。

これが本来なら役立つはずだった意見が不採用になってしまうカラクリのひとつです。

フォロワーが改善意見を出そうと思ったそもそものきっかけに注目する

「目安箱」ではありませんが、私も過去に何度か改善意見を受けたことがあります。先ほども述べた通り、物が壊れているなどのシンプルで物理的な改善意見に関しては、それが事実であれば、問題なく採用し、実行することができます。

一方、運営などに関わるソフト面での改善意見は、**担当者がフォロワーの視点で記述しているため、問題の全体像がわからないまま改善方法が記述されていることが多く、採用しづらい**のです。

提出された改善意見は「宝の山」だといえます。**リーダーでは普段なかなか気づくことができない重要な問題を指摘していることが多い**からです。しかし一方で、問題があることをなんとなく認識しつつも、**的確に問題点を指摘できていない**ケースもあります。

フォロワー視点では、「組織になんとなく問題があるが、こういった改善をすれば問題は消滅するだろう」という漠然とした方式で記述されていることも少なくありません。フォロワーはどうしても組織全体の仕組みを知らないことが多いため、**自分の知っている範囲内の改善策**

にとどまってしまい、採用されづらいレベルにとどまるのです。

しかし、そのフォロワーが**改善意見を出そうと思い立ったそもそもの問題点を確認すること**が**最重要**だと思います。提出者本人も自分が何を見つけたのかはっきりしないまま、漠然と問題を認識していることも多いからです。

そのような場合、私は対面でその意見提出の前提となった問題点を提出者に聞き出すようにしていました。場合によっては、聞き取りに一時間以上かかったこともありました。

フォロワーの思いが形になる、問題点を理論的に説明できるようになる、つまり組織知として理論化されるにはどうしても時間や議論が必要なのです。

リーダーだからこそ導き出せる解決策がある

これに関して、もう少し具体的に私自身の体験を紹介させていただきます。

自衛官時代、ある3佐の隊員が「日課時限の変更について、朝8時就業開始、夕方17時終業を、朝8時半就業開始、夕方17時半終業にしてもらいたい」という意見を提出したことがありました。

当時、日課時限変更は私レベルではなく上級レベルの指揮官の決定事項でした。なので、私はその隊員に「改善意見を反映することは困難だけど、何が問題かを教えてほしい」と伝えました。そして、ほぼ1時間を費やして衛生職種の幹部である彼から事情を聞き出し、ようやくわかったのは、次のようなことでした。

「我が部隊の隊員は残業の癖がついてしまっていることが問題です。遅くまで仕事をします。そのため、帰宅してからの睡眠時間が短くなるので、朝の開始時間を30分遅らせればそれだけ睡眠時間も確保できるので健康管理の向上にもなります」

「なるほど。そういうことだったのか」と私は思いました。

隊員の残業による睡眠時間の短縮が引き起こす健康への影響が問題だったのであれば、日課時限の変更までする必要はありません。私は、公務員の一斉定時退庁日の水曜日・金曜日の退庁時間18時を守らせるとともに、各管理者には、定時退庁日の翌日にあたる木曜日と月曜日には報告を求めたり、準備の必要な会議を設定したりしないよう、自分の部隊に対して徹底することとしました。これにより、週二日といえど残業や帰宅後の業務で隊員たちの睡眠時間が削られる心配がなくなります。

この事例からわかることは、**フォロワーが問題意識をしっかり持っていたとしても、提出された改善意見にその問題が的確に反映されているとは限らない**ということです。**問題に対する改善策が本当は複数あったとしても、権限・責任・情報がないフォロワーだけの視点ではなかなかそこにたどり着けない**ことがあります。

だからこそ、それらを持ち合わせている上司やリーダーがフォロワーの問題意識を吸い上げることで、より良い解決策によって組織の改善につなげることができるのです。

ここで述べてきた「目安箱」は、まさにそのチャンスを与えてくれるものであり、「考えるチーム員」を育てるには絶好のツールです。「目安箱」の活用は、ミッションコマンド型のチームビルディングにつながり、「作戦術」思考によるチーム運営の第一歩になります。

また、「目安箱」の効果は、リーダーとフォロワーとのコミュニケーションが盛んになればなるほど発揮されるので（むしろコミュニケーションを盛んにしないと効果が出ません）、**「目安箱」の活用が適切であれば、形式知（ひいては組織知）がどんどん蓄積される**ことにもつながります。

これらの点を踏まえ、リーダーの立場にある人は、**「目安箱」を担当者まかせにせず、一見**

不採用に思える意見や実際に不採用にされた意見にもできる限り目を通したほうがよいでしょう。また、**提出者とのコミュニケーションを通じて、組織改善につながる新たな問題を見つけ出す**こともできます。

「作戦術」思考のチームビルディングの第一歩として、また、組織の財産となる形式知（組織知）を蓄積する第一歩として、日本独特の文化と言える「目安箱」を最大限活用することをお勧めしたいと思います。

番外編 物語のなかの「作戦術」思考

日本の物語ではミッションコマンド型チームが〝当たり前〟？

最後に紹介するのは現実世界の組織の事例ではないのですが、映画やドラマなどの創作物に見られる「作戦術」思考や、日米のチーム観の違いを見ていきたいと思います。

日本の成功物語や勧善懲悪の物語には、「作戦術」思考によるチーム運営、すなわちミッションコマンド型のチームの物語が多く見られます。

例えば『鬼平犯科帳』、『水戸黄門』、『暴れん坊将軍』など時代劇の勧善懲悪物語では、「正義を貫き民衆の生活を守る」という主人公の強い意志（ビジョン、戦略目的）を仲間が理解して共有し、それぞれが自主積極的に動くというミッションコマンド型チームとしての様子が描かれています。

『鬼平犯科帳』では、主人公の「鬼の平蔵」こと長谷川平蔵が火付盗賊改方《ひつけとうぞくあらためかた》（江戸市中の放火・強盗・賭博などを取り締まる役職）の長官として幕府から独自の機動性を与えられ、「江戸の町を火付盗賊から守る」という強い使命感（ビジョン、戦略目的）を持ってチームを率いています。火付盗賊改方の各チーム員や密偵たちは、平蔵の強い使命感を理解し、少しでも不穏な人物がいたら探りを入れ、平蔵に随時報告するなど、ミッションコマンドによって動いています。

『水戸黄門』シリーズは、「この印籠が目に入らぬか！」と悪党をやっつけるスカッとする場面でおなじみですが、そこ（いわゆるチャンバラシーン）にいたるまで、お付きの助さん、格さん、うっかり八兵衛、かげろうお銀などの密偵（忍者）などの仲間がそれぞれ独自に動きながら問題を解決に導いていくミッションコマンドが描かれています。

『暴れん坊将軍』は、江戸幕府第八代将軍の徳川吉宗が身分を隠し、市中の仲間とともに悪をやっつけるという、こちらもスカッとするミッションコマンド型チームの動きが描かれています。

基本的に時代劇に見られるチームは、「作戦術」思考による運営がすでに完成している状態なので、チームビルディングの過程はあまり描かれていませんが（初回あたりに少し描かれている程度です）、焦点が当てられているチームの動きには、ミッションコマンドで目的に向かって行動をコントロールしていく「作戦術」思考がみてとれます。

各話一話完結型になっているので、それぞれの話における問題解決のための戦略と戦術のつながりや、登場人物の行動が問題解決にどのように影響を与えたか、現代人との法意識の違いなどに注目しながら物語を見ると**「本質を見抜く力」のトレーニングにもなり、「作戦術」思考の事例として活用できる**と思います。

「孤独なヒーロー」が好まれてきたアメリカ

日本の勧善懲悪物語にミッションコマンド型のチームの活躍が見られる一方、アメリカの映画やドラマの勧善懲悪物語におけるヒーローは、いずれも **〝孤独〟** です。

『スーパーマン』、『スパイダーマン』、『バットマン』、その他西部劇における保安官の物語（ジョン・ウェイン、クリント・イーストウッドなどが主人公）などを観ていると、**主人公がたったひとりの正義感で悪をやっつける物語が多い**と思います。

これは「孤高なダンディズム」を賞賛するお国柄によるものであるとともに、背景には聖書の文化があるのではないかと思われます。

例えば『旧約聖書』の「ヨブ記」では、神を深く信仰するヨブという人物が、神（正確に言うと、ヨブに試練を与える許可を神から得たサタン）からどのようなひどい仕打ちを受けても、神を信じ、罪を犯さず、神を非難しません。

また、「エレミア書」では、預言者エレミアが神からある日一方的に「諸国民の預言者」に任命され、エルサレムの人々に主の仰せ（罪と罰）を伝え続けたため、人々から呪われ孤独となりますが、それでも神のために働きました。

このように、たとえ人々に呪われて孤独になっても、神を信じ、神のために尽くす行動原理が、聖書文化圏の人々の深層心理にあるのかもしれません。

ただ近年では、トム・クルーズ主演の『トップガン マーヴェリック』や『ミッション：インポッシブル』シリーズなど、アメリカ映画でもミッションコマンド型チームの活躍が目立つようになってきました。特に『トップガン マーヴェリック』では、**主人公の天才パイロット、マーヴェリックの操縦技術や使命感を形式知化してチーム員に浸透させていくチームビルディングが色濃く描かれている**と思います（同作品についてはワニブックス刊『陸・海・空 究極のブリーフィング―宇露戦争、台湾、ウサデン、防衛費、安全保障の行方』で詳しく考察しているのでぜひご一読ください）。

そのあたりの「異色さ」も同作のヒットの遠因なのかもしれません。あるいは、アメリカでも従来型の「孤独なヒーロー」だけではなく、ミッションコマンド型チームビルディング推奨の社会的な流れが反映されている結果の大ヒットなのかもしれません。

日本のチームビルディングを暗黙知から形式知に

アメリカの場合、**そもそもチームビルディングが文化的な背景になかった（個人主義が主流だった）ために、チームビルディングを形式知化（理論化）するというインセンティブが働いた**とも考えられます。

反対に日本は、**古来より「和を以て貴しとなす」の精神の流れを汲み、個人主義よりみんなで力を合わせるチームビルディングがある意味「当たり前」だったために、チームビルディングをわざわざ形式知化する意欲に結びつきにくい**とも考えられます。

以上のように「作戦術」思考の観点から物語を考察したり、日本と外国の文化の違いを比較したりするのも、「作戦術」思考の実践的なトレーニングになり、より理解が深まるかと思います。物語の考察からもわかるように、**日本では、そもそもミッションコマンド型チームは暗黙知として定着している**と言えるでしょう。

これを今後は、企業などで**形式知化して、チームビルディングに活かす**ことが望まれるのではないでしょうか。

その際には、**戦略目標や価値観を明確に理論化（形式知化）してチーム員に理解・体得してもらい、ミッションコマンド型チームを育成**していただきたいと思います。

おわりに

さて、ここまでお読みいただいただいたお礼を申し上げるとともに、筆者が最も言いたかったことを述べさせていただきます。

軍事理論の一番の目的は、「勝ち目の追求」です。

戦術も作戦術も、敵に対して勝つための「勝ち目」がどこにあるかを徹底的に追求する理論・思考方法です。

この本を通して述べてきたのは、「作戦術」思考によるチームビルディングです。

そうです。私は、**日本の「勝ち目」がチームビルディングにある**と考えました。

日本人は、もともとチームによる活動が得意です。

2008年の北京オリンピックでは、陸上男子の400mリレー（100m×4）で銀メダルを獲得しました。一人ひとりのベストタイムは10秒台でしたが、リレーでは100mの平均タイムが9秒54というすごい記録でした。絶妙のバトンパスを武器に4人は常時トップスピードを維持する走りだったと思います。

その後、日本記録は37秒台前半にまで上がり、今後も活躍が期待できる競技種目です。世界レベルの短距離走で日本人が大活躍をしたことに驚いた方々は多かったと思います。ここにも、他の国のリレーチームにはなかったチームビルディングの素晴らしさがみられます。

また、旧軍時代のノモンハン事件（1939年）では、機械化近代化軍であるソ連軍に対してチームレベルの対戦車戦闘によって勇戦敢闘し、敵に大損害を与え、結果、ソ連軍に攻撃継続を思いとどまらせました。ちなみに日本側の部隊は、中国大陸に駐屯していたなかでは最弱師団と呼ばれ、ほとんどが徴集後の訓練期間がいまだ浅い兵士で構成された部隊でした。

明治時代初期には、「自分は日本人である」との意識は極めて希薄でしたが、弱肉強食の国際社会で国防のために開国し「殖産興業」「富国強兵」（強くなる、お金持ちになる）というビジョンを掲げて、「我々は日本人である」という意識とともに理解・浸透がはかられました。

それ以前の江戸時代には、武士を中心に指導力、リーダーシップのある人財を多く育成していました。**ビジョンの共有、個の充実とチームビルディングという組み合わせは、当時大成功だった**と思います。

本文でも述べましたが、このように日本人のチームビルディングの素晴らしさは随所にみられます。

しかし、戦争に負けてからの日本は、「強くなる」を放棄して、「お金持ちになる」だけを目標としてきた側面があります。しかしその目標も、バブル崩壊、リーマン・ショックなどによって達成できない状況が続きました。

長らく日本は、目標喪失状態だったのではないでしょうか。

目標がはっきりしない状況には、人間は耐えることができません。

それでも、日本には、前述したスポーツの世界をはじめ、さまざまな分野で超一流のチームビルディングがみられます。

日本の国のビジョンはどうなったでしょうか。

従来の日本の国防は「国防の基本方針（1957年）」が56年間にわたって基本方針であり続けました。

その第一の方針に述べられていたのは「国際連合の活動の支持」であり、自国の防衛力を整備するとの方針は3番目です。敗戦直後という仕方のない状況でつくられた方針であり、どこか他人任せの防衛であったように思われます。

この国防方針は、2013年に「安全保障戦略」が発出されるまで維持されました。そして、

２０２２年12月には「安全保障関連三文書」が発出され、前戦略を踏襲しつつより明確に我が国の安全保障上の戦略目標として「我が国の主権と独立を維持し、我が国が国内・外交に関する政策を自主的に決定できる国であり続け」ることが盛り込まれています。

どことなく他人任せにみえていた「国防」のありようが「自分の国は自分で守る」という主体的な態度と目標が明確になりました。つまり、**国家の骨組み、ビジョンが明確になった**と言えるでしょう。

他人任せの比重が大きいと、さまざまなことが受け身的になりますが、**一度自分でやると決め、そう覚悟すると、人間も主体的で自立する**と思います。

日本の国をあげて目標やビジョンを明確にし、国際社会で活躍する国を本気で目指す時代が来ました。

この流れはこれから日本中に波及すると思います。

ならば、**次に勝ち目を追求するのに必要なのは、「人間づくり」「組織づくり」**ではないでしょうか。

本文でも述べているように、もともと日本人によるチームビルディングには、「世界最強」

と言っても過言ではないノウハウが蓄積されています。

一方で、企業や組織人のほとんどは、高校や大学受験のためにかなりの時間をかけて勉強し、答えの準備された問題を解決する能力と暗記力の向上努力に特化してきました。その間、友達は受験の場ではライバル関係でした。こうした受験勉強による青春時代の過ごし方は、友人などとの心の絆が結びにくい環境だと思われます。

こうした環境が、日本の得意なチームビルディングにほころびを生じさせてしまった一因ではないでしょうか。

私は、**日本の「勝ち目」であるチームビルディングを「作戦術」思考を使って、理論的・組織的な形式知として蓄積し、〝再生〟することが重要**だと考えています。

もちろん、日本が世界で勝負をするに際して、改善すべき部分はたくさんあるでしょう。ただ、それらは長所を伸ばすに従い、つられて改善されることも多いと思います。なかには、欠如部分についてはしっかりと補強することが必要な特定分野もあります。これについては少々問題提起をさせていただいたつもりです。

日本を批判するというよりは、**日本の欠点や問題点を明らかにすることが、次につながる解**

決策の案出や、努力の方向性を明確にする一助になると考え記述しました。

問題点がわかるということは、実は仕事の大半が完成したようなものです。


しばらく日本人は、道に迷った時期を経てきたと思います。

しかし、人間は道に迷えば道を覚えます。

これからは、若者もベテランもともに対等の立場で自主積極的に動き、ミッションコマンド型の「第三の波」のチームをつくり上げていく時代です。

本書で述べてきた「作戦術」思考によるチームビルディングがその一助となれば、筆者として望外の喜びです。

令和五（二〇二三）年三月吉日

小川清史

著者　小川《おがわ》清史《きよし》

昭和35年生まれ。徳島県出身。防衛大学校第26期生、土木工学専攻・陸上自衛隊幹部学校、第36期指揮幕僚課程。米陸軍歩兵学校および指揮幕僚大学留学。主要職歴（自衛隊）レンジャー教官歴4年間、うち主任教官歴3年間。第８普通科連隊長兼米子駐屯地司令、自衛隊東京地方協力本部長、陸上幕僚監部装備部長、第６師団長、陸上自衛隊幹部学校長、西部方面総監（最終補職）。退職時の階級は「陸将」。現在、一般社団法人 救国シンクタンク 客員研究員。全国防衛協会連合会 常任理事。日課として、毎朝マンデリン（珈琲）をドリップで淹れること。趣味：合氣道、イラスト描き、書道、茶道。

著書に『日本人のための核大事典』『近代戦を決するマルチドメイン作戦』『台湾・尖閣を守る「日米台連携メカニズム」の構築』『有事、国民は避難できるのか』（いずれも共著、国書刊行会）、『陸・海・空 軍人によるウクライナ侵攻分析　日本の未来のために必要なこと』『陸・海・空 究極のブリーフィング 宇露戦争、台湾、ウサデン、防衛費、安全保障の行方』（いずれも共著、ワニブックス）など多数。

組織《そしき》・チーム・ビジネスを勝《か》ちに導《みちび》く

「作戦術《さくせんじゅつ》」思考《しこう》

2023年4月10日　初版発行

構　成　吉田渉吾
校　正　大熊真一(ロスタイム)
編　集　川本悟史(ワニブックス)

発行者　横内正昭
編集人　岩尾雅彦
発行所　株式会社ワニブックス
〒150-8482
東京都渋谷区恵比寿4-4-9 えびす大黒ビル
ワニブックスHP　http://www.wani.co.jp/

お問い合わせはメールで受け付けております。
HPより「お問い合わせ」へお進みください。
※内容によりましてはお答えできない場合がございます。

印刷所　株式会社 光邦
ＤＴＰ　アクアスピリット
製本所　ナショナル製本

ISBN 978-4-8470-7285-7